Pezzi di Futuro

Massimo Canducci

Codice ISBN: 9798871132760

CONTENUTI

L'innovazione è il processo che, da quattro note prodotte in modo casuale e che sembra abbiano del potenziale, porta alla realizzazione di un brano che vende più di venti milioni di dischi.

Pezzi di Futuro

INTRODUZIONE

Periodicamente mi capita di scrivere su riviste o quotidiani e talvolta qualche amico mi chiede di dare un contributo a qualche sua pubblicazione, scrivendone un capitolo.

Spesso di questi contributi si perdono le tracce e successivamente diventa difficile indirizzare correttamente qualche potenziale lettore interessato, tant'è vero che recentemente da più parti mi sono arrivate sollecitazioni a mettere insieme una raccolta composta dagli articoli e dai contributi più significativi pubblicati negli ultimi tre anni, in modo che sia disponibile per chiunque voglia approfondire i temi di cui mi occupo.

Si parla ovviamente di tecnologia e dei suoi impatti futuri sulle nostre vite, con qualche divagazione sulle tematiche di sostenibilità, di libertà e di democrazia.

Si parla anche di innovazione e di come sia importante applicarla e gestirla nel migliore dei modi all'interno di un'azienda o di un'organizzazione.

C'è persino un capitolo che, volendo innalzare il livello di consapevolezza sulle tematiche della protezione dei dati personali, è scritto in forma narrativa.

Il tutto è stato pubblicato in self-publishing perché l'unico vincolo che hanno posto alcuni proprietari dei diritti, è che il materiale non venisse pubblicato da altri editori.

Quella che avete nelle mani è proprio questa raccolta, una collezione di pezzi che parlano di futuro.

Si tratta di materiale complementare rispetto a quello che potete trovare all'interno del mio libro Vite Aumentate.

Se avete uno dei due, vi suggerisco caldamente l'altro, in modo da avere una visione di insieme.

Buona lettura e ... siamo solo all'inizio!

Pezzi di Futuro

IL MONDO CHE AVREMO

In origine pubblicato all'interno del volume "Guidare il cambiamento e l'innovazione"[1].
Giappichelli 2021 – pagine 3 – 14.
A cura di Stefano De Nicolai.

Premessa

La tecnologia è uno straordinario abilitatore di innovazione e consente, grazie alla sua varietà e alle possibilità di integrazione esistenti, di costruire soluzioni complete che rispondano all'obiettivo principale dell'innovazione: migliorare la vita delle persone generando valore nei campi economico, sociale e ambientale.

Non dobbiamo dimenticare infatti che quel che conta in qualunque iniziativa di innovazione è l'impatto positivo che questa genererà sulle persone che in qualche modo ne saranno coinvolte, non tanto la tecnologia in sé che, seppur fondamentale nella maggioranza dei casi, è e rimane esclusivamente un abilitatore.

Chiunque operi nello straordinario contesto dell'innovazione dovrebbe sempre considerare l'insieme delle tecnologie disponibili come una collezione di strumenti che, adeguatamente utilizzati e integrati tra loro, siano in grado di agire in modo significativo sui diversi ambiti della vita delle persone, per esempio semplificando la relazione tra cittadini e pubblica amministrazione, ottimizzando la produzione nelle aziende attraverso processi di trasformazione digitale, migliorando e rendendo più sicure le condizioni di lavoro o consentendo di accedere sempre meglio e in modo sicuro a contenuti di intrattenimento.

---

[1] https://www.giappichelli.it/guidare-il-cambiamento-e-l-innovazione-9788892133457

Tutto questo, che potrebbe sembrare tantissimo, in realtà non è abbastanza.

Chi si occupa seriamente di innovazione non può accontentarsi di conoscere le tecnologie abilitanti che oggi sono innovative e che costituiscono i mattoni sui quali attivare i processi di innovazione, la vera sfida è costituita dal considerare altrettanto importanti le tecnologie che saranno innovative domani, quelle che oggi sono considerate tecnologie emergenti e la cui maturità non è ancora sufficiente per un utilizzo concreto nella realizzazione di piattaforme digitali, ma per le quali è possibile intuire delle serie potenzialità di utilizzo concreto in futuro.

Il motivo per cui è necessario questo atteggiamento, ancora una volta, non ha un baricentro tecnologico. Il conoscere come saranno intelligenza artificiale, blockchain, realtà aumentata e reti di connettività in futuro ha un fascino irresistibile per gli innamorati di tecnologia, ma c'è molto di più: c'è la possibilità di immaginare il futuro e di cominciare, già oggi, a progettarlo e costruirlo.

Ragionare in modo esponenziale

Le tecnologie digitali, cioè tutte quelle che sfruttano la capacità computazionale di un elaboratore, hanno una caratteristica particolare rispetto, per esempio, a quelle meccaniche: il loro impatto sulla società cresce in modo esponenziale e non in modo lineare. Per questo motivo spesso vengono chiamate tecnologie esponenziali.

Ciò è dovuto al fatto che sono basate sulla capacità computazionale che è essa stessa una quantità che cresce in modo esponenziale seguendo a grandi linee quella che è conosciuta come Legge di Moore.

Si tratta una previsione talmente precisa da essere in seguito elevata al concetto di "legge" in quanto, conoscendo gli andamenti precedenti dei fattori in gioco, è possibile conoscere a grandi linee gli andamenti futuri, quasi come se fosse una legge di tipo matematico o fisico.

Gordon Moore, un chimico americano, rispondendo nel 1965 alle domande di un intervistatore, profetizzò che il numero di componenti elettronici (transistor, resistenze e condensatori) presenti all'interno dei circuiti integrati avrebbe subìto un raddoppio ogni diciotto mesi, mentre nello stesso periodo di tempo il costo di tali circuiti si sarebbe dimezzato.

Questo è quello che in massima parte è successo da quel momento in poi, con una miniaturizzazione estrema delle componenti elettroniche, un aumento proporzionale della relativa capacità computazionale ed un costo sempre più basso. È un fenomeno che tutti abbiamo sperimentato direttamente acquistando negli anni prodotti di tipo elettronico molto più performanti dei precedenti, ma a prezzi molto più bassi.

Quando parliamo quindi delle attuali tecnologie abilitanti come l'intelligenza artificiale, le varie famiglie di blockchain, le enormi quantità di oggetti che costituiscono l'internet of things, i dispositivi che garantiscono a tutti i livelli la nostra connettività, stiamo in effetti considerando fenomeni che, per natura dell'essere umano, abituato a ragionare in termini lineari, siamo portati a sovrastimare nel loro impatto passato e contemporaneamente a sottostimare nel loro impatto futuro.

In particolare, ci riesce molto difficile pensare che nel periodo di diciotto mesi l'impatto generato da una di queste tecnologie sarà analogo all'impatto che quella stessa tecnologia ha avuto nell'intero corso della sua storia.

Per spiegare meglio questo concetto facciamo un piccolo esperimento: immaginiamo di avere a disposizione un foglio di carta dello spessore di 0,1 mm, un normale foglio A4 di quelli che usiamo nelle stampanti. Sappiamo che se pieghiamo il foglio a metà il suo spessore raddoppierà; quindi, dopo la prima piega avremo un foglio con una superficie dimezzata, ma con uno spessore di 0,2 mm, dopo la seconda piega avremo una superficie nuovamente dimezzata e uno spessore di 0,4 mm, e così via. Considerando che la distanza tra la Terra e la Luna è di 384.400 km, quante volte dovremo piegare il nostro foglio di carta per farlo diventare così spesso da fargli raggiungere la Luna? È chiaro che non dovremo considerare la superficie del foglio, che nel frattempo diventerà piccolissima, concentriamoci invece soltanto sul suo spessore. Considerando la dimensione del foglio di carta, il suo spessore, la distanza tra la Terra e la Luna, il nostro istinto ci porta a pensare che le pieghe necessarie sarebbero tantissime, migliaia, forse milioni. Invece, se la fisica ce lo consentisse, per raggiungere quella distanza sarebbe sufficiente piegare il foglio di carta 42 volte, otterremmo infatti uno spessore del nostro foglio di carta superiore ai 439.000 km, andando ben oltre la distanza tra la Terra e la Luna.

Di esperimenti mentali di questo tipo ne esistono tanti e tutti ci portano a ragionare sul fatto che la nostra stima "a sensazione" sui fenomeni esponenziali è quasi sempre sbagliata.

Quando si cerca di prevedere l'andamento nel tempo di queste tecnologie, infatti bisogna agire con molta cautela, non considerare le cose come impossibili soltanto perché le misuriamo con gli occhi di chi guarda al passato, ma guardare invece al futuro tenendo conto della loro crescita esponenziale e considerare non soltanto gli impatti tecnologici, ma soprattutto gli impatti che tali tecnologie, da sole o più probabilmente all'interno di un ecosistema complesso, porteranno nelle nostre vite.

Tecnologie abilitanti ed emergenti

Quel che è certo è che da qua ai prossimi dieci anni la dotazione tecnologica che avremo a disposizione sarà enormemente superiore a quella di oggi, sia in termini di evoluzione delle tecnologie che siamo abituati ad utilizzare oggi, quelle che chiamiamo "tecnologie abilitanti" e che ci consentono abitualmente di realizzare soluzioni e piattaforme digitali, sia in termini di tecnologie emergenti, quelle che oggi non hanno ancora una maturità completa, ma che domani costituiranno parte della dotazione che avremo a disposizione per realizzare le nostre iniziative di innovazione.

Uno dei primissimi elementi che dobbiamo considerare per immaginare un nuovo futuro è l'evoluzione della connettività.

A volte facciamo un po' fatica a rendercene conto, ma senza connettività le nostre vite sarebbero molto diverse. La diffusione del telefono, a partire dal XIX secolo, non fu una questione solo tecnologica, fu invece soprattutto una rivoluzione sociale su scala globale in grado di avvicinare le persone e consentir loro di comunicare generando di conseguenza un enorme impatto sulle abitudini delle popolazioni di tutto il mondo. La stessa cosa, ma con un grado di pervasività ancora superiore, può dirsi di quel che è accaduto con l'avvento della rete Internet e le sempre crescenti necessità che abbiamo per collegarci a essa. La banda larga in case e uffici, le reti mobili sempre più performanti e la diminuzione dei costi collegati a questi servizi sono fortunatamente una realtà e questa è davvero un'ottima notizia perché la connettività non è propriamente una tecnologia abilitante, ma costituisce di per sé un abilitatore di abilitatori, nel senso che moltissime delle tecnologie abilitanti tradizionali, e una parte rilevante di quelle che avremo in futuro, avranno un senso soltanto se connesse a una rete.

Parlare di IoT, di realtà virtuale o di Blockchain, per esempio, non avrebbe senso se non fosse per la capacità di queste tecnologie di poter utilizzare al meglio la possibilità di essere connesse.

La stessa disponibilità di una banda adeguata agisce come stimolo per l'innovazione e per la realizzazione di nuovi servizi che prima non si pensava potessero avere mercato, ma viceversa l'individuazione di nuovi bisogni potenziali sul mercato induce gli operatori ad attuare quegli investimenti che serviranno a migliorare la connettività e di conseguenza consentiranno di realizzare quei servizi e di metterli sul mercato.

Le buone idee hanno bisogno di tecnologia per essere immesse sul mercato, ma la tecnologia ha bisogno di buone idee per concretizzarsi e portare reale valore nel mondo.

Proprio per questi motivi gli operatori stanno facendo grossi investimenti per migliorare progressivamente la qualità della connettività nelle nostre case e nei nostri uffici. Sul fronte della connettività mobile nel prossimo futuro ci aspetta un passaggio prima alle reti 5G e successivamente alle reti 6G per le quali si stanno definendo gli standard. Questo ci consentirà di avere aumenti di velocità considerevoli rispetto all'attuale rete 4G. Si passerà dagli attuali 150 Mbps di media a circa 1 Gbps, con punte di picco intorno ai 20 Gbps per le reti 5G e ad una soglia teorica ipotizzata di circa 1000 Gbps per le reti 6G. Questo significa poter trasmettere e ricevere molti più dati nello stesso periodo di tempo, con innumerevoli vantaggi sulle tipologie e sulla qualità dei servizi che potranno essere messi a disposizione.

Per quanto riguarda la latenza, invece, passeremo dai circa 50 ms attuali delle reti 4G ai circa 10 ms con picchi teorici di circa 1 ms delle reti 5G, fino ad una latenza teorica di 0,1 ms per le reti 6G. La latenza è l'intervallo di tempo che intercorre tra il momento in cui un segnale viene inviato e il momento in cui è disponibile l'effetto che tale invio produce nel sistema, in pratica quando inviamo un comando tramite una rete 5G o 6G, questo comando arriverà molto più rapidamente al destinatario della comunicazione e questo significa che potrà essere eseguito molto più velocemente. La differenza di qualche millisecondo potrebbe, a prima vista, sembrare trascurabile, ma in realtà avere una latenza più bassa consente utilizzi prima impensabili con reti di generazioni precedenti. Si pensi, per esempio, ai casi in cui la velocità di reazione è determinante per il risultato, come i videogame, la guida completamente autonoma o la chirurgia a distanza.

Queste nuove infrastrutture di rete ci consentiranno di avere sempre più dispositivi connessi. Attualmente abbiamo circa 50 miliardi di dispositivi connessi ad una rete, ma alcune stime parlano di circa 125 miliardi di dispositivi connessi entro il 2030. Si tratta di numeri impressionanti che non considerano soltanto i nostri telefoni, tablet o PC, ma che comprendono tutta la grande famiglia chiamata Internet Of Things, composta da dispositivi di varia natura, sensori e attuatori presenti sul campo o in uno stabilimento o addosso al nostro corpo, che hanno l'obiettivo di raccogliere dati oppure di attivare processi sulla base dei dati in ingresso.

Nel 2018 il mercato prodotto dalle tecnologie Internet of Things in Italia ha superato i 5 miliardi di euro, con un aumento del 35% rispetto al 2017. Tutto questo all'interno di un mercato europeo che nel 2018 è stato di circa 60 miliardi di euro e che a livello mondiale ha raggiunto i 900 miliardi di dollari nel 2020. Si tratta quindi di uno straordinario insieme di tecnologie che ha applicazioni in tutti i mercati, qualunque sia la dimensione dell'azienda e qualunque sia il segmento di mercato in cui opera. Inoltre, le sue prospettive di crescita per il futuro sono impressionanti, non soltanto in termini di numero di dispositivi connessi, ma anche e soprattutto in termini di servizi innovativi che in futuro si potranno inventare e realizzare grazie al loro utilizzo.

Avere sensori disseminati un po' ovunque nel mondo che ci circonda causerà come effetto collaterale l'aumento considerevole dei dati che avremo a disposizione.

I dati costituiscono l'elemento centrale attorno al quale ruota ogni processo decisionale, si pensi per esempio a chi deve ottimizzare la produzione in un'azienda, a chi deve organizzare processi di gestione della qualità, a chi deve migliorare il conto economico per un Consiglio di Amministrazione o, più semplicemente, a chi deve far quadrare un bilancio familiare. Moltissime nostre decisioni sono influenzate o guidate dai dati che abbiamo a disposizione e spesso l'inesattezza, la mancanza di alcuni di questi dati o l'incapacità di gestirli correttamente possono condurci a decisioni errate.

Quando si parla di dispositivi personali siamo ormai abituati a ragionare in Terabyte, ma tale unità di misura non è sufficiente per misurare i dati che vengono generati e gestiti dalle reti odierne, si pensi che già nel 2008 Google dichiarava di gestire circa 20 Petabyte (1 Petabyte = 1.000 Terabyte) al giorno, mentre non rilascia dichiarazioni sui volumi di dati che vengono gestiti oggi.

Per mettere a fuoco correttamente il fenomeno e fare qualche stima è necessario introdurre altre due unità di misura: l'Exabyte (1 Exabyte = 1.000 Petabyte) e lo Zettabyte (1 Zettabyte = 1.000 Exabyte), si tratta di unità di misura che possono sfuggire alla nostra comprensione, per provare a comprenderle possiamo dire che un Exabyte corrisponde a un miliardo di Terabyte.

Già nel 2016 Cisco aveva dichiarato che, secondo il suo osservatorio, il traffico internet annuale aveva raggiunto la soglia dello Zettabyte, ma secondo Seagate il volume dei dati globali passerà dai 45 Zettabyte del 2019 ai 175 Zettabyte del 2025.

Siamo di fronte a volumi enormi, non è solo alla quantità di dati che dobbiamo pensare, ma anche alla velocità con cui questi dati vengono e verranno prodotti, alla varietà che contraddistingue l'eterogeneità delle fonti, all'analisi della veridicità dei dati stessi e al valore che tramite questi dati sarà possibile generare.

La disponibilità di grandi quantità di dati rappresenterà una base di conoscenza straordinaria per gli algoritmi di intelligenza artificiale. Ne beneficeranno soprattutto gli algoritmi adattativi che, caratterizzati dalla capacità di apprendere automaticamente, saranno nelle condizioni di partire da una base di conoscenza molto più ampia e che potrà essere arricchita nel tempo. Questi algoritmi oggi soffrono di due condizioni particolari: sono soggetti agli stessi pregiudizi, anche inconsci, degli esseri umani, in quanto vengono addestrati spesso con dati prodotti da questi ultimi, e giungono a conclusioni senza che noi siamo in grado di comprenderne le motivazioni.

Il primo problema è noto anche come "garbage in-garbage out", cioè se inserisco dati di scarsa qualità ottengo risposte che, inevitabilmente, saranno anche loro di scarsa qualità. Se addestrassimo un algoritmo adattativo nell'analisi automatica dei curricula che giungono alla nostra organizzazione prendendo come riferimento le valutazioni fatte dagli esseri umani, inevitabilmente l'algoritmo riporterebbe nelle sue decisioni gli stessi eventuali pregiudizi presenti nei selezionatori umani.

Se, per esempio, ci fosse un numero bassissimo di assunzioni di persone di una certa etnia o di un certo genere, la macchina imparerebbe che quella etnia o quel genere rappresentano una caratteristica negativa da considerare in fase di valutazione. Mentre per i selezionatori un atteggiamento del genere potrebbe essere inconscio, seppur ovviamente sbagliato, per la macchina quell'atteggiamento sarebbe parte delle cose che ha imparato come giuste, come regole da applicare in fase di analisi e selezione. Ecco, quindi, che la scarsa qualità dei dati in ingresso genererà un comportamento in grado di produrre risultati scadenti e viziati dagli stessi pregiudizi di chi quei dati li ha prodotti.

Pensiamo invece ad un algoritmo in grado di prendere una decisione in funzione dei dati a disposizione e delle condizioni al contorno, una decisione, per esempio, tra assoluzione o condanna in un processo penale. Se l'algoritmo è in grado decidere e di spiegare il processo decisionale che lo ha portato a quel genere di scelta, allora le persone saranno in grado di comprendere meglio la decisione. Il problema è che oggi tali algoritmi, operando in reti neurali di enorme complessità, restituiscono il risultato di una valutazione senza dar modo all'essere umano di comprendere come quella decisione sia stata presa.

Questo è un limite enorme in moltissimi campi e spesso evidenzia come oggi sia ancora impossibile affidare in autonomia alcuni tipi di decisioni alle macchine e come sia fondamentale la supervisione umana.

Quello che dobbiamo attenderci nel prossimo decennio come evoluzione degli algoritmi di intelligenza artificiale non è quindi soltanto che funzionino meglio e che siano a disposizione di tutti, ma che siano in grado di superare queste due gravi limitazioni.

Avremo algoritmi in grado di utilizzare basi di conoscenza umane, ma di discriminare correttamente le tipologie di informazioni e di non essere condizionate dai bias dell'essere umano, allo stesso modo avremo algoritmi non soltanto in grado di prendere decisioni complesse, ma anche di spiegare quali siano i processi che portano a tali decisioni. Queste sono due caratteristiche fondamentali per determinare la qualità e la trasparenza dei processi decisionali.

Mentre l'intelligenza artificiale entro il 2030 produrrà un aumento del volume d'affari globale per 15,7 trilioni di dollari generando un aumento del PIL del mondo pari al 14%, anche le tecnologie Blockchain faranno la loro parte e, entro la stessa data, genereranno un impatto sull'economia globale pari ad altri 3,1 trilioni di dollari ed un incremento di un altro 3% del PIL mondiale.

Visti i volumi che si ottengono prendendo in considerazione separatamente questi ecosistemi tecnologici, è facile intuire che una relazione tra i due mondi possa portare a nuovi e interessanti scenari. Innanzitutto, le informazioni contenute su alcune tipologie di blockchain potranno essere utilizzate come base di conoscenza per alcuni algoritmi di intelligenza artificiale, in secondo luogo sarà possibile creare dei veri e propri smart contract adattativi operanti nativamente su alcune tipologie di blockchain, infine potranno essere abilitati nuovi modelli di business innovativi basati sulla condivisione della potenza di calcolo.

Quest'ultimo esempio è particolarmente interessante perché la possibilità di avere un "distributed computing as a service" consentirà di ottimizzare le risorse di calcolo distribuendole, in base alle necessità, tra gli algoritmi di intelligenza artificiale e i calcoli necessari a realizzare la proof of work su cui sono basate numerose blockchain pubbliche.

Quando si pensa a qualche funzionalità "as a service" la mente va immediatamente al cloud computing, una tecnologia di infrastruttura fondamentale per la realizzazione di ecosistemi tecnologici integrati.

Anche in quest'ambito avremo significativi passi avanti. Per le aziende il cloud abilita la possibilità di spostare su infrastrutture di terze parti tutta la gestione dei propri sistemi, abbassando i costi e diminuendo significativamente i rischi, mentre per gli utenti finali il cloud consente di avere spazi enormi su cui posizionare i propri dati, avendo anche la possibilità di accedere ai propri materiali da dispositivi diversi.

Nel prossimo decennio ci aspettiamo enormi passi avanti sia sul fronte dello spazio a disposizione per l'archiviazione, sia sulla componentistica di infrastruttura e sulla potenza di calcolo remoto e distribuito.

Questo ci consentirà, come utenti, di avere la percezione della disponibilità di spazio di archiviazione virtualmente infinito e potenza di calcolo enormemente sovradimensionata rispetto alle nostre reali necessità.

Quest'ultimo aspetto diventerà ancora più interessante quando inizieranno a essere disponibili sul mercato sistemi computazionali generalisti basati sulla tecnologia di quantum computing che, secondo alcuni studi, potrebbe arrivare a velocità di elaborazione cento milioni di volte superiori rispetto agli attuali supercomputer.

All'interno di un ecosistema tecnologico di questo tipo, in continua evoluzione, è possibile inserire ulteriori tecnologie abilitanti ed emergenti che sono, per così dire, di second'ordine, in quanto si possono realizzare grazie all'apporto delle componenti tecnologiche descritte in precedenza.

Si pensi per esempio alle enormi evoluzioni nel campo della realtà virtuale, aumentata e mista che nei prossimi anni diverranno di uso comune per buona parte della popolazione e verranno attivate da appositi smart glasses che ancora non sono usciti sul mercato nella loro versione definitiva, ma che diverranno per noi inseparabili esattamente come oggi lo sono i nostri smartphone.

Oppure si pensi alla robotica avanzata che già oggi è in grado di occuparsi di automazione industriale, mentre domani, magari in forma umanoide, sarà in grado di prendersi cura di molti lavori domestici oppure direttamente delle nostre necessità personali.

Pensiamo infine alle potenzialità della stampa 3D, oggi usata in modo casalingo per produrre piccoli oggetti oppure in modo industriale per realizzare prototipi o interi oggetti complessi con forme che non sarebbero realizzabili in modo diverso, domani sarà usata per stampare nuove tipologie di cibi più rispettosi del pianeta in cui viviamo e magari qualche organo del nostro corpo che non se la passerà molto bene.

Il mondo che avremo

Nel prossimo decennio ci abitueremo a pensare in modo diverso al nostro approccio ai servizi erogati tramite la tecnologia.

L'evoluzione nella produzione energetica, e soprattutto la possibilità di stoccarla in batterie di concezione completamente nuova, ci consentirà di non essere più così tanto affamati di energia elettrica per i nostri dispositivi, sempre in cerca di una presa da cui ricaricare e con numerose tipologie di alimentatori, cavi e adattatori da portare con noi. Sono già allo studio, e diverranno presto realtà, nuove tipologie di batterie, come per esempio quelle basate su nanotubi di carbonio, in grado di caricarsi in pochi minuti in modalità "over the air" e di durare diverse settimane.

La ricarica wireless realizzata in tempi brevissimi diventerà lo standard per la maggior parte dei dispositivi, questo ci consentirà di non considerare più la loro autonomia un problema da governare. Il solo fatto di appoggiare uno dei nostri dispositivi sul tavolino del bar ci consentirà di caricarlo mentre faremo colazione e senza neanche rendercene conto.

I limitati spazi di archiviazione dei nostri dispositivi saranno un lontano ricordo, l'enorme quantità di spazio disponibile nel cloud e la possibilità di accedervi ad altissima velocità e con una latenza trascurabile, faranno sì che la nostra percezione sarà di avere a disposizione spazio virtualmente infinito direttamente a bordo dei nostri dispositivi, uno spazio su cui troveremo tutti i nostri dati, le nostre foto, i nostri materiali multimediali, sempre disponibili e pronti per essere utilizzati in tempo reale, in alta affidabilità e per i quali qualcuno avrà curato i backup automatici periodici, mantenendo anche diverse versioni di ogni singolo file.

Un'altra cosa che cambierà radicalmente sarà la nostra relazione con le macchine. Il prossimo decennio sarà caratterizzato da un completo cambio di paradigma nell'interazione tra essere umano e macchine e questo avverrà su due direttrici parallele e complementari: l'utilizzo della voce e l'adozione massiva della Extended Reality.

Quello che oggi facciamo un po' timidamente, e talvolta sentendoci un po' stupidi, con gli assistenti vocali come Siri e Alexa, diverrà la modalità standard, e talvolta unica, con cui ci relazioneremo con i fornitori dei servizi di cui avremo bisogno, non soltanto quindi la domotica di base, ma un'interazione vera e completa verso sistemi esterni eterogenei e fornitori di servizi di qualunque tipo. Passeremo quindi dall'attuale "Alexa, accendi la luce della cucina" ad un ben più interessante "Hey Siri, chiama l'idraulico e mettiti d'accordo per un appuntamento una mattina della settimana prossima, ma soltanto in un giorno in cui piove perché se fa bello voglio andare a correre al parco", oppure da un banale "Ok Google, che tempo farà domani?" ad un più utile "Alexa, prenota la sala e organizza la videoconferenza per la riunione di lunedì mattina, manda invito e agenda a tutti e fai arrivare il coffee break alle 10:30. Ricorda anche i cornetti senza glutine e il caffè decaffeinato. Il costo della sala va sul mio centro di costo". Il livello di interazione diverrà in breve tempo paragonabile a quello che abbiamo tra esseri umani, perché al miglioramento della componente di riconoscimento del linguaggio naturale si aggiungerà la migliore comprensione del contesto e soprattutto la capacità di trasformare frasi complesse in sequenze operative di comandi da mettere nel giusto ordine e da indirizzare verso i fornitori di servizi esterni che saranno parte dell'ecosistema.

Chi fornisce servizi dovrà quindi occuparsi anche di renderli interoperabili e integrati all'interno di quell'ecosistema, in modo che possano essere utilizzati non più soltanto dall'azione diretta dell'essere umano, ma anche e soprattutto in modalità "machine to machine", cioè direttamente da altre macchine che in modo totalmente automatico si relazioneranno con essi.

La seconda direttrice sarà invece abilitata da una nuova generazione di dispositivi di cui abbiamo già visto in passato alcuni prototipi e di cui iniziamo oggi a vedere i primi esemplari, un po' limitati per motivi tecnologici e un po' per la mancanza di un vero e proprio ecosistema di contenuti e servizi: si tratta degli smart glasses, occhiali intelligenti in grado di migliorare la nostra interazione con la realtà. In effetti non sono dispositivi nuovi, in passato abbiamo già visto i Google Glass e oggi esistono sul mercato anche versioni più recenti, come quelle di Bosh e di Epson. Tuttavia, i dispositivi che troviamo oggi in commercio non saranno i veri attori del cambiamento, c'è bisogno di un sensibile salto di qualità dal punto di vista tecnologico, di infrastruttura, di ecosistema, di modello di business e di disponibilità di applicazioni e servizi.

Saranno dispositivi in grado di farci vivere a pieno quella che viene chiamata Extended Reality, l'unione di diversi paradigmi di interazione con la realtà.

Le lenti potranno diventare a tutti gli effetti schermi non trasparenti su cui poter visualizzare contenuti video, esperienze tipiche di realtà virtuale, videogames, ma anche nuove modalità di formazione, turismo virtuale ed esperienze di tipo nuovo ad oggi ancora da individuare. Sarà frequente vedere in treno o in aereo persone perse nella visione di contenuti o nell'interazione con i social network attraverso i loro smart glasses. Purtroppo, questa tipologia di interazione creerà ancor più dipendenza di quanto non faccia oggi quella che sperimentiamo con gli smartphone, questo sarà un tema da tenere seriamente in considerazione.

Con un comando vocale, un gesto o un comando neuronale le lenti diverranno trasparenti e aggiungeranno nuovi strati informativi e contenutistici direttamente sovrapposti alla visione della realtà tradizionale, questo consentirà di poter guidare con le istruzioni del navigatore direttamente nel campo visivo, di accedere automaticamente ad informazioni su un luogo che si sta visitando, un'opera d'arte che si sta guardando in un museo o una persona con cui si sta parlando. Quando una persona, apparentemente sconosciuta, ci fermerà per strada e ci saluterà, saremo in grado di sapere chi è, se la conosciamo, che tipo di relazione abbiamo con lei e in quale occasione l'abbiamo incontrata. Guardando un monumento in una città potremo avere informazioni storiche, turistiche o di altra natura, siano esse gratuite o a pagamento, per il semplice fatto di avere sempre di fronte agli occhi uno schermo in grado di sovrapporre alla realtà uno strato di informazioni aggiuntive.

Con gli stessi strumenti sarà possibile accedere a paradigmi di interazione propri della realtà mista: un'evoluzione della realtà aumentata, nella quale saremo in grado non soltanto di accedere a strati informativi sovrapposti alla visione tradizionale della realtà fisica, ma anche di interagire direttamente con essi tramite la voce oppure tramite appositi gesti. In occasione di una visita ad un museo potremo per esempio acquistare il biglietto di ingresso, effettuare il pagamento, accedere alla mappa del sito museale, selezionare il percorso che vogliamo seguire ed utilizzare una completa guida smart alle opere. Mentre facciamo la spesa potremo avere in evidenza la lista della spesa, depennare automaticamente prodotti per il solo fatto di averli inquadrati nel campo visivo degli occhiali e aver dato conferma. Potremo effettuare il pagamento in modo automatico, senza nemmeno doverci fermare alla cassa.

Anche in questo caso ci sarà molto lavoro da fare per i fornitori di applicazioni che si troveranno un canale completamente nuovo su cui erogare i propri contenuti e servizi e, vista l'immediatezza di interazione che daranno questi dispositivi, è pensabile che questo canale possa diventare in tempi rapidi il canale prioritario. Si potrebbe passare quindi dal "mobile first" al "glasses first".

La disponibilità di queste nuove tecnologie introdurrà naturalmente nuovi livelli di complessità nella gestione della privacy e nella necessaria consapevolezza che dovremo porre nella gestione dei nostri dati e nella loro cessione a terzi. Il fatto di avere una telecamera e un microfono sempre accesi potrebbe portare a qualche iniziale difficoltà di relazione con i nostri interlocutori, ma sarà soltanto questione di tempo e tutti si abitueranno in fretta, esattamente come ci siamo abituati a vedere persone per strada che apparentemente parlano da sole, ma in realtà stanno usando auricolari e cuffie per comunicare con altri. Una volta questi erano comportamenti un po' strani, oggi non ci facciamo più caso.

Esiste poi una terza direzione di sviluppo nel campo dell'interazione tra essere umano e macchine ed è rappresentata dalla possibilità di comunicazione diretta tramite interfacce neuronali. Si tratta di chip collegati fisicamente al cervello e che saranno in grado di stabilire nuove forme di comunicazione basate sul pensiero.

Una persona a cui è stato impiantato uno di questi chip potrebbe essere in grado di impartire comandi ad una macchina o di accedere a informazioni tramite il proprio pensiero, di imparare interi volumi di nozioni grazie a meccanismi assimilabili a quello che oggi conosciamo come "upload di dati in un calcolatore", oppure di superare alcune forme di disabilità. Queste sono tecnologie in stato ancora embrionale, ma esistono già sperimentazioni su animali e presto saranno svolti alcuni test su essere umani volontari. L'applicazione di chip di questo tipo aprirà nuovi interrogativi di carattere etico e, viste le potenziali applicazioni sul superamento di alcune disabilità, non sarà facile stabilire a priori quali siano i limiti che non dovranno essere superati. In dieci anni si faranno moltissimi passi avanti e al momento è difficile ipotizzare le eventuali soluzioni commerciali nel breve periodo.

Il nostro corpo diverrà un enorme produttore di dati grazie all'adozione massiccia di dispositivi indossabili in grado di rilevare moltissimi dei nostri parametri vitali, di avvisarci quando qualcosa non sarà nella norma e di inviare periodicamente tutte le informazioni al nostro medico. Alcuni di questi dispositivi indossabili saranno anche in grado di somministrarci automaticamente farmaci e terapie all'insorgere di eventuali problemi oppure in modo programmato. I nostri dati sanitari, opportunamente trattati per essere rispettosi delle norme sulla protezione dei dati personali, diverranno parte di una grande base di conoscenza che verrà fornita ad algoritmi di intelligenza artificiale. Tali algoritmi diverranno uno strumento fondamentale di diagnostica nelle mani dei medici, in quanto acquisiranno nel tempo i dati di milioni di pazienti e le diagnosi e le terapie suggerite da migliaia di medici, diventando sempre più precisi e affidabili.

Abiteremo in smart home in cui la domotica non sarà limitata alla semplificazione dell'interazione tra essere umano e casa, ma abiliterà paradigmi di totale automazione che ci consentiranno di non dover più occuparci direttamente della temperatura interna, della quantità di luce, della sicurezza.

Il livello di automazione dei nostri elettrodomestici sarà molto più completo di quando non sia oggi, saranno direttamente i frigoriferi ad avvisarci quando qualche alimento starà per scadere e a compilare la lista della spesa quando qualche altro starà per terminare. Ci capiterà di ricevere consegne, anche effettuate con droni e piccoli veicoli autonomi, di prodotti che non abbiamo ordinato direttamente, ma che saranno stati ordinati in autonomia dal nostro frigorifero o dalla nostra dispensa. Inizialmente le macchine lavoreranno su regole, successivamente impareranno a conoscere le nostre abitudini. Il processo decisionale potrà rimanere nella disponibilità delle persone oppure, a scelta, potrà essere integralmente delegato alle macchine.

Siamo di fronte ad un decennio ricchissimo di potenzialità, in cui le tecnologie emergenti faranno passi da gigante e chiunque si occupi di innovazione avrà la possibilità di inventare nuovi prodotti, nuovi servizi e nuovi modelli di business da portare sul mercato.

Avremo numerose ottime occasioni per approfittare di questa abbondanza tecnologica per realizzare il vero spirito dell'innovazione: generare valore nei campi economico, ambientale e sociale.

Dobbiamo fare di tutto per utilizzare al meglio queste opportunità e per costruire un mondo migliore, ricordando che soltanto chi opera in questa direzione sta innovando davvero.

Nota di ripubblicazione

Questo capitolo introduttivo è stato di ispirazione per la pubblicazione del mio libro Vite Aumentate[2], edito da Franco Angeli nel 2021.
Vite Aumentate parla delle tecnologie del futuro e di come queste cambieranno le nostre vite.

---

[2] https://www.amazon.it/Vite-aumentate-tecnologie-futuro-aspetta/dp/8835118832

DI ANONIMATO IN RETE,
LIBERTÀ E DIRITTI

In origine pubblicato su TechEconomy 2030[3] il 30 ottobre 2019.

Ha fatto molto discutere, nei giorni precedenti la pubblicazione di questo articolo, il contenuto di alcuni tweet di un noto parlamentare.

Ormai dovremmo chiamarli "post su X", ma per coerenza con i tempi di pubblicazione originali continueremo a chiamarli tweet.

In questi tweet il parlamentare di cui sopra dichiara di essere "*al lavoro per una legge che obblighi chiunque apra un profilo social a farlo con un valido documento d'identità. Poi prendi il nickname che vuoi (perché è giusto preservare quella scelta) ma il profilo lo apri solo così*".

Il tutto è poi culminato con una vera e propria petizione online sul sito del partito di appartenenza di quel parlamentare, nella quale si giustifica questa scelta con l'obiettivo di evitare il deterioramento della democrazia, deterioramento che sarebbe causato dalle distorsioni e manipolazioni delle informazioni che circolano sulla rete, le cosiddette fake news.

Iniziamo col dire che proposte di legge su questo argomento non sono una novità, a titolo di esempio si può considerare quella depositata qualche mese prima e il cui titolo era tutto un programma: "*Introduzione del divieto dell'uso anonimo della rete internet e disposizioni in materia di tutela del diritto all'oblio*".

Questa, come tutte le altre, nel tempo è naufragata perché totalmente inutile, inapplicabile e persino contro i diritti umani, e la stessa cosa accadrà con questa ennesima iniziativa, ma andiamo con ordine.

---

[3] https://www.techeconomy2030.it/2019/10/30/di-anonimato-in-rete-liberta-e-diritti/

Il principio di base, una buona notizia e una follia

Il principio di base è giustissimo ed encomiabile: chi delinque sulla rete, diffamando, facendo stalking, minacciando o anche diffondendo notizie false, deve essere identificato e punito secondo la legge.

La buona notizia è che, già oggi, su internet l'anonimato tecnicamente non esiste.

Si tratta di un fatto tecnico su cui non mi dilungherò, ma in estrema sintesi è bene sapere che chiunque acceda alla rete lo fa presentandosi a essa attraverso un indirizzo univoco (indirizzo IP) che consente a posteriori di risalire fino al dispositivo che è stato utilizzato.

Dopo aver letto la frase precedente già immagino la reazione indignata di tutti quelli che credono di essere dei veri hacker e che quindi pensano di essere in grado di utilizzare tutte le tecniche di mascheramento dell'indirizzo, le VPN, il routing o magari tecniche avanzatissime di spoofing. A loro voglio dire solo una cosa: non siete gli hacker che pensate di essere, ci sarà sempre qualcuno più bravo di voi e in grado di individuarvi anche quando pensate di essere anonimi, fatevene una ragione.

Tuttavia, come scrivevo in precedenza, è tecnicamente possibile risalire fino al dispositivo utilizzato e non alla persona che lo ha utilizzato e che, in possesso di adeguate credenziali, potrebbe utilizzare tranquillamente l'account di qualcun altro.

Questa situazione si ripresenterebbe identica anche in caso di account social per i quali in qualche modo l'identità del proprietario sia certificata, consentendo nella pratica l'utilizzo di un account social anche da parte di chi non ne sia il legittimo proprietario e anche in presenza di identità certificate.

C'è poi il "piccolissimo dettaglio" dell'Art. 27 della Costituzione che dice che "La responsabilità penale è personale". Se non c'è modo di sapere chi sta usando un certo account social per compiere una determinata azione chi puniremo?

Siamo nella stessa identica situazione di quell'altra follia chiamata "voto online", nella quale non è possibile determinare chi effettua davvero la votazione indipendentemente dall'account utilizzato, ma questa è un'altra storia.

La proposta presentata quindi, seppure basata su un principio giusto e condivisibile, è tecnicamente inutile e inapplicabile.

Libertà e diritti umani

Uscendo dalla questione tecnica e cercando di posizionarci su un piano più alto, scopriamo che la politica italiana non è la sola a essersi posta il problema di un eventuale eliminazione dell'anonimato su Internet.

A titolo di esempio possiamo citare il rapporto[4] "*Report of the Special Rapporteur on the promotion and protection of the right to freedom of opinion and expression, Frank La Rue*" prodotto dal Consiglio per i Diritti Umani delle Nazioni Unite[5], che è molto chiaro in proposito e che nelle "conclusioni e raccomandazioni" dice "*States should refrain from compelling the identification of users as a precondition for access to communications, including online services, cybercafés or mobile telephony*".

Sempre lo stesso Consiglio per i Diritti Umani delle Nazioni Unite, nella versione aggiornata dello stesso rapporto[6], questa volta redatto dal Rapporteur David Kaye, addirittura nel summary del documento scrive "*the report concludes that encryption and anonymity enable individuals to exercise their rights to freedom of opinion and expression in the digital age and, as such, deserve strong protection*".

Chi si occupa a tempo pieno di diritti umani nel mondo ritiene quindi fondamentale che sia garantita una protezione totale al diritto di essere anonimi e di poter comunicare in modo crittografato, in quanto si tratta di caratteristiche che consentono alle persone di esercitare i loro diritti alla libertà di opinione ed espressione nell'era digitale.

L'esatto contrario di quanto suggerito dall'iniziativa politica di cui abbiamo parlato in apertura.

Già questo basterebbe a mettere una pietra sopra ogni tentativo di obbligare le persone ad autenticarsi in modo certificato prima di poter utilizzare i social, ma di questi temi se n'è occupato anche il Parlamento Europeo che nella Risoluzione[7] dell'8 settembre 2015 su "*Diritti umani e tecnologia: impatto dei sistemi di sorveglianza e di individuazione delle intrusioni sui diritti umani nei paesi terzi*" all'Art. 49 dice chiaramente "*invita esplicitamente a promuovere strumenti che consentono l'utilizzo anonimo e/o pseudonimo di Internet e contesta la visione unilaterale secondo cui tali strumenti avrebbero come unica funzione quella di consentire le attività criminali, e non di dare maggiore potere agli attivisti dei diritti umani all'interno e all'esterno dell'UE*".

Infine, possiamo citare la "Carta dei Diritti in Internet"[8], una mozione a prima firma Stefano Quintarelli che il 3 novembre 2015 ha portato in aula un testo redatto da una commissione di studio mista, parlamentari ed esperti, guidata dal professor Stefano Rodotà e voluta dalla Presidente Laura Boldrini.

---

[4] https://www.refworld.org/docid/51a5ca5f4.html

[5] https://it.wikipedia.org/wiki/Consiglio_per_i_diritti_umani_delle_Nazioni_Unite

[6] https://undocs.org/A/HRC/29/32

[7] http://www.europarl.europa.eu/doceo/document/TA-8-2015-0288_IT.html

[8] https://www.camera.it/application/xmanager/projects/leg17/commissione_internet/dichiarazione_dei_diritti_internet_pubblicata.pdf

La mozione è stata approvata con 437 voti favorevoli, 9 astenuti e senza nessun voto contrario.

Tale documento all'Art.10 (Protezione dell'anonimato) comma 1 dice che: *"Ogni persona può accedere alla rete e comunicare elettronicamente usando strumenti anche di natura tecnica che proteggano l'anonimato ed evitino la raccolta di dati personali, in particolare per esercitare le libertà civili e politiche senza subire discriminazioni o censure"*.

Conclusioni

Siamo quindi di fronte ad iniziative di principio che a livello italiano, europeo e di Nazioni Unite, hanno tutte la stessa impostazione: è da impedire qualunque iniziativa tesa a limitare l'anonimato in internet, perché proprio dalla possibilità di essere anonimi nascono la libertà di opinione e la libertà di espressione, diritti insindacabili di ogni essere umano.

Ad ulteriore conferma è sufficiente riflettere sul fatto che quando in un Paese emergono problemi di tenuta democratica, le piattaforme social vengono chiuse o limitate e i cittadini vengono schedati per capire quale posizione politica abbiano. In quei casi la disponibilità di utilizzare tecnologie di comunicazione alternative e crittografate e la possibilità di essere anonimi nelle comunicazioni sono fattori che contribuiscono in modo determinante all'esercizio dei diritti fondamentali dell'uomo e influiscono pesantemente sulla sua libertà.

Va detto inoltre che le fake news sono utilizzate in massima parte per spostare voti, sono quindi un becero strumento in mano alla politica e utilizzato per scopi politici, il cittadino, anche quando crede a una notizia falsa e la fa rimbalzare da un social all'altro, è la vittima del fenomeno, non certo il carnefice.

Per iniziare un lavoro di depurazione dalle fake news la politica forse farebbe bene a guardare dentro sé stessa e a porre regole al proprio interno invece che spostare il problema sul cittadino.

Voglio vivere in un Paese che sia in grado di punire chi compie atti illeciti (anche) attraverso l'utilizzo della rete, ma che non utilizzi la sua incapacità nello svolgere questo suo compito, come scusa per limitare la libertà e diritti di tutta la popolazione.

In caso contrario genereremmo un paradosso per cui i cittadini onesti saranno schedati perdendo parte della loro libertà e dei loro diritti, mentre chi vorrà davvero compiere azioni illecite sarà comunque in grado di farlo utilizzando alcuni semplici accorgimenti tecnici al fine di aggirare le limitazioni.

Ma tutto questo, non temete, non accadrà.

Nota di ripubblicazione

A distanza di quattro anni dalla pubblicazione iniziale di questo articolo, non è stata portata in aula nessuna proposta di legge finalizzata all'eliminazione dell'anonimato su Internet.

La stessa raccolta firme interna al partito ha raggiunto appena la metà delle 10.000 firme che i promotori auspicavano.

Tutto è bene quel che finisce bene.

BLOCKCHAIN PER IL CONTROLLO DI FILIERA

In origine pubblicato su TechEconomy 2030[9] l'8 gennaio 2020.

Negli ultimi mesi è progressivamente aumentato l'interesse sull'utilizzo della tecnologia blockchain in ambito industriale, in contesti di controllo della filiera e persino come ipotetico strumento di potenziale "certificazione" di informazioni legate al Made in Italy. Si tratta di temi serissimi, la cui corretta gestione può avere impatti sul PIL del Paese, sul lavoro delle persone e in qualche caso sul corretto utilizzo di fondi pubblici. Per questo è opportuno fare un po' di chiarezza per evitare fraintendimenti, aumentare la consapevolezza sulle effettive potenzialità delle tecnologie a disposizione ed evitare speculazioni e loro utilizzi inadeguati e inefficienti.

Notarizzazione e non certificazione

La prima importantissima questione di cui occuparci è squisitamente legata al vocabolario, ed è un bene perché la prima cosa da fare quando si affronta un problema è dare il giusto significato ai termini che si utilizzano.

Quando abbiamo un'informazione digitale, per esempio un flusso di dati, un documento o un'immagine, è possibile utilizzare la tecnologia blockchain per ottenere due risultati:

- rendere l'informazione digitale sostanzialmente immutabile: essendo la blockchain una catena di blocchi in cui ogni blocco contiene riferimenti al contenuto del blocco precedente, per cambiare un blocco sarebbe necessario modificare tutti i blocchi successivi a quello oggetto di

---

[9] https://www.techeconomy2030.it/2020/01/08/blockchain-per-controllo-filiera-attenzione-errori/

modifica, cosa tecnicamente possibile, ma nella pratica non fattibile su buona parte delle blockchain pubbliche (quelle che ospitano criptovalute), per ragioni di consenso e per le risorse energetiche che sarebbero necessarie per compiere l'operazione di modifica;

- dimostrare che l'informazione digitale esiste a partire dalla data in cui viene pubblicata sulla blockchain: questo avviene grazie all'apposizione di un apposito timestamp (data e ora) su ogni blocco della catena, essendo i blocchi sostanzialmente immutabili possiamo essere certi che quell'informazione esista a partire dalla data apposta sul blocco che la contiene.

La buona notizia è quindi che la nostra informazione digitale può venire pubblicata in qualche forma su un'architettura tecnologica, la blockchain, e questa ne garantirà l'immutabilità nel tempo e l'esistenza a partire da un dato momento.

La cattiva notizia, invece, è che è tutto qua, non c'è niente altro.

Questo tipo di tecnologia non garantisce affatto che l'informazione pubblicata sulla blockchain sia vera, e questo dipende dal fatto che l'informazione in ingresso può essere vera, può essere falsa, può essere priva di senso o può addirittura far riferimento a contenuti illegali. La tecnologia in gioco non può entrare nel merito della veridicità dell'informazione, si limita a registrarla, a garantirne immutabilità ed esistenza a partire da una certa data.

Fine.

Come è possibile pubblicare un'informazione falsa sulla blockchain di Bitcoin?

Sul mio sito web[10] potete trovare un'immagine: si tratta di una finta carta di identità con alcune informazioni vere (nome, cognome e foto) e altre false (tutto il resto). Si tratta quindi in tutto e per tutto di un'informazione falsa e, se non ci fosse la scritta FAC SIMILE, potrebbe addirittura rappresentare una violazione dell'articolo 497bis del Codice penale.

Utilizzando uno dei tanti servizi di notarizzazione su blockchain (io ho usato NotBot) è possibile notarizzare questo documento sulla blockchain di Bitcoin e ottenere, come ho fatto io, un completo certificato di esistenza del documento[11].

La blockchain, dunque, come si può facilmente verificare, non garantisce affatto la veridicità delle informazioni contenute nel documento di partenza, anche perché sulla blockchain il documento vero e proprio non arriva mai, al

---

[10] http://www.massimocanducci.eu/wp-content/uploads/2020/01/fake_id.png

[11] https://notbot.me/certificate/2085

contrario sulla blockchain viene pubblicato unicamente un suo hash ottenuto tramite l'algoritmo SHA-256 che produce una stringa di 64 caratteri da cui non si può in alcun modo risalire al documento originale.

Nessuna certificazione

Quando si parla di informazioni pubblicate su una blockchain non ha alcun senso utilizzare il termine "certificazione" in quanto tale termine presuppone il fatto che sia la tecnologia stessa a garantire (certificare) la veridicità dell'informazione, cosa che, come abbiamo visto, non è vera.

Si può e si deve, invece, utilizzare il termine "notarizzazione" che presuppone di delegare alla tecnologia le uniche due cose che a essa si possono realmente delegare: l'esistenza dell'informazione (vera o falsa che sia) a partire da quella data e la sua immutabilità nel tempo.

Per essere ulteriormente chiari: l'utilizzo della tecnologia blockchain non può garantire in alcun modo che un prodotto sia stato realizzato attraverso un certo processo di produzione, che un alimento abbia seguito una certa filiera o che un capo d'abbigliamento sia stato davvero prodotto in determinato Paese. Per ognuno di questi casi d'uso quello che conta realmente è il processo stesso di produzione, è questo che deve essere "certificato", dal punto di vista metodologico, con apposite procedure e controlli dedicati. Eventualmente le fasi del processo potranno poi essere notarizzate su una qualche blockchain in modo da garantirne l'esistenza a partire da un dato momento nel tempo e la loro immutabilità.

Se il processo non è certificato, non sarà possibile avere informazioni certificate da inserire sulla blockchain. Questo per evitare il rischio concreto di andare a inserire informazioni sbagliate o false avendo la percezione, anch'essa sbagliata, che possano essere vere per il solo fatto di essere pubblicate su una qualche blockchain.

In estrema sintesi: è possibile compiere frodi alimentari o distribuire prodotti contraffatti anche se le informazioni sono pubblicate su blockchain, questo perché la blockchain notarizza, ma non certifica assolutamente nulla.

Parlare di "certificazione grazie a blockchain" è un errore tecnico e metodologico.

Blockchain, ma quale?

Il termine "blockchain" è diventato di dominio pubblico grazie alle notizie che da molto tempo ormai compaiono sui media generalisti a proposito di Bitcoin, la criptovaluta che utilizza proprio la tecnologia blockchain come architettura di riferimento, ma in realtà spesso ci si riferisce a concetti più ampi, come quello di DLT (Distributed Ledger Technology, tecnologia per registri distribuiti).

Con il termine DLT ci si riferisce a numerose famiglie di tecnologie che consentono di realizzare un libro mastro di transazioni, quando tali transazioni sono racchiuse in "blocchi" e tali blocchi vengono appesi uno all'altro per formare un'unica catena, allora ha senso utilizzare il termine blockchain.

Secondo uno dei documenti più autorevoli in materia, il ISO/CD 23257.2 – Blockchain and distributed ledger technologies – Reference Architecture[12] "una piattaforma blockchain è una piattaforma DLT in cui la tecnologia utilizzata sia blockchain", da questo momento quando parleremo di DLT ci riferiremo a registri distribuiti che utilizzano la tecnologia blockchain.

Queste tecnologie si possono classificare attraverso numerose dimensioni di analisi:

- chi può accedere al registro distribuito;
- che permessi servono per operare sul registro distribuito;
- che forma crittografica viene utilizzata;
- che tipologia di consenso viene utilizza;
- che forma ha la rete (centralizzata, distribuita, decentralizzata);
- chi decide l'ordine con cui si procede alla chiusura dei blocchi;
- chi paga i costi di infrastruttura e di elaborazione;
- quali sono gli algoritmi che determinano il comportamento nel tempo.

Concentriamoci per il momento soltanto sulle prime due dimensioni di analisi: chi può accedere e che permessi servono per operare sul registro distribuito.

Si chiamano **DLT "public"** quei sistemi in cui chiunque può accedere alla rete, si chiamano invece DLT "private" quei sistemi a cui l'accesso al sistema è consentito soltanto dietro specifica autorizzazione.

Si chiamano **DLT "permissionless"** quei sistemi su cui chiunque può operare, senza autenticazione e senza permessi di alcun genere. Si chiamano invece DLT "permissioned" quei sistemi su cui si può operare soltanto se si è autorizzati.

Mettendo in relazione queste due dimensioni otteniamo alcune combinazioni possibili.

---

[12] https://www.iso.org/standard/75093.html

Sistemi DLT public e permissionless: sono sistemi aperti all'utilizzo in lettura e in scrittura da parte di chiunque senza che siano richiesti permessi per effettuare operazioni sul sistema, compresa la partecipazione al meccanismo di consenso e la verifica delle transazioni. Esempi di questi sistemi sono le architetture alla base di Bitcoin e di Ethereum. Secondo alcuni esperti internazionali di queste tematiche, questi sistemi sono gli unici che possono davvero essere chiamati "blockchain" in quanto hanno tutte e quattro le caratteristiche che vengono universalmente riconosciute a queste architetture: sicurezza, trasparenza, decentralizzazione, immutabilità. Come abbiamo visto la definizione di ISO è invece più accogliente e consente di chiamare "blockchain" anche altre architetture, a condizione che la tecnologia utilizzata sia un'implementazione di una catena di blocchi.

Sistemi DLT public e permissioned: sono sistemi aperti a chiunque in lettura, mentre servono dei permessi e delle autorizzazioni per poter effettuare altre operazioni, come l'aggiunta sul sistema di una nuova transazione. Un esempio di caso d'uso per questi sistemi è la tracciatura della filiera alimentare: un consumatore può verificare in autonomia la provenienza e il percorso compiuto da un prodotto alimentare, ma soltanto utenti qualificati, per esempio gli operatori della filiera, possono inserire nuove informazioni sul sistema, per esempio il passaggio di stato di un lotto o le condizioni di trasporto di alimenti facilmente deperibili.

Sistemi private e permissionless: sono sistemi in cui le operazioni sono limitate ad alcuni gruppi di utenti, ma non sono richiesti permessi particolari per compiere queste operazioni. La limitazione avviene tipicamente isolando geograficamente la rete in modo da non fornire un accesso pubblico, ma limitarlo all'interno di un'organizzazione. Si tratta in pratica di sistemi DLT permissionless, ma installati all'interno di reti private.

Sistemi private e permissioned: sono sistemi in cui le operazioni sono limitate ad alcuni gruppi di utenti e inoltre sono richiesti permessi e autorizzazioni particolari per compiere qualunque operazione sul sistema.

Come procedere?

Se l'obiettivo è la notarizzazione o la pubblicazione su un sistema DLT dei passaggi di stato (certificati a livello di processo) di un processo di produzione o di distribuzione, si può operare in diversi modi:

- Utilizzare un sistema DLT public e permissionless, per esempio la blockchain di Bitcoin come ho fatto io nell'esempio precedente del documento di identità falso. In questo modo chiunque potrà accedere liberamente in lettura ai dati del sistema. È improbabile che qualcuno inserisca informazioni false tentando di corrompere il nostro processo di notarizzazione, in quanto quello che viene pubblicato su questi sistemi non è ma il documento di partenza, ma un suo HASH, una sua rappresentazione crittografata da cui non si può ricostruire il documento di partenza. Va inoltre detto che utilizzare questi sistemi per la notarizzazione è antieconomico (ogni singola transazione ha un costo) e non fornisce il 100% delle garanzie di continuità nel tempo. Ci si appoggia ad architetture pubbliche su cui non si ha il minimo controllo e che un giorno potrebbero anche sparire, diventare inefficienti o avere dei costi di utilizzo ad oggi non ipotizzabili.

- Utilizzare un sistema DLT public e permissioned: si tratta di sistemi industriali che vengono realizzati ad hoc e messi a disposizione di utenti professionali e pubblici. L'utente professionale, che governa uno stato di un processo già certificato in partenza, può utilizzare una DLT di questo tipo per notarizzare un'informazione (già certificata) relativa al suo processo, in modo da aggiungere le caratteristiche di immutabilità e certificazione di esistenza alla sua informazione. Contestualmente, un utente pubblico (un consumatore) potrà accedere in autonomia ai dati di notarizzazione per verificare se un certo lotto di prodotti alimentari ha subìto un corretto processo di distribuzione o trasporto. In questi casi potrebbe essere necessario utilizzare un apposito client, per esempio un'app sullo smartphone messa a disposizione da chi gestisce il processo alla base, in modo da incrociare i dati di filiera con quelli effettivamente notarizzati su DLT e in modo da renderli più "parlanti" di quanto non possa essere un HASH crittografato da 64 caratteri.

- Utilizzare un sistema DLT private (permissionless o permissioned): in questo caso l'operatore professionale potrà effettuare la notarizzazione dello stato del processo, mentre un utente pubblico (un consumatore) sarà obbligato ad accedere alle informazioni di notarizzazione attraverso un'interfaccia dedicata, anche in questo caso potrebbe essere un'app su smartphone. Non essendo però possibile un accesso diretto alle informazioni di notarizzazione sul sistema DLT, ma dovendo obbligatoriamente passare per un intermediario, sarebbe necessario fidarsi completamente di chi mette a disposizione lo strumento. In questo caso il consumatore potrebbe accedere ad informazioni sbagliate o false in quanto potrebbero essere falsificate sia in ingresso nel sistema DLT sia in uscita da esso.

Cosa si può notarizzare?

Una volta compreso il significato dei termini notarizzazione e certificazione, e dopo aver scelto una piattaforma di riferimento per effettuare queste operazioni, è necessario comprendere cosa si può ragionevolmente notarizzare e cosa invece no.

Il processo di notarizzazione parte dall'applicazione di una funzione crittografica che trasformi il nostro asset in un HASH, una stringa di caratteri che andrà poi inserita sul sistema DLT che avremo selezionato.

In questo caso abbiamo quindi quattro casi possibili:

- **Asset digitale**: in questo caso non ci sono problemi, un documento digitale o un pacchetto di dati, possono essere tranquillamente crittografati e l'HASH così ottenuto potrà senza problemi essere pubblicato su un sistema DLT in modo che a esso (e indirettamente al documento di partenza) si possano associare le caratteristiche di esistenza alla data della pubblicazione e di immutabilità nel tempo.

- **Asset fisico univoco di cui sia possibile una rappresentazione digitale univoca**: si pensi per esempio ad un'opera d'arte da cui si possa ottenere una fotografia ad alta definizione che possa essere considerata la sua rappresentazione univoca, o al certificato cartaceo di proprietà di un bene da cui si possa ottenere un'immagine digitale equivalente. Si tratta di asset fisici univoci (ne esiste una sola copia al mondo) e da cui è possibile ottenere una rappresentazione digitale univoca. In questi casi quello che andremo a notarizzare è la rappresentazione digitale, ricadremo quindi nel caso precedente della notarizzazione di un asset digitale.

- **Asset fisico univoco di cui non sia possibile una rappresentazione digitale univoca**: si pensi ad una bicicletta appartenuta nel tempo a due diversi proprietari, esistono foto che ritraggono entrambi i proprietari sulla bicicletta, ma non è possibile capire chi ne era in possesso prima e chi dopo. Siamo di fronte ad un asset fisico di cui non è possibile una rappresentazione digitale univoca che garantisca la proprietà del bene; quindi, se uno dei due proprietari decidesse di notarizzare su un sistema DLT una foto che lo ritrae sulla bicicletta e volesse usarlo come prova di proprietà, potrebbe farlo tranquillamente, ma la sua notarizzazione non proverebbe nulla circa la proprietà del bene.

- **Asset fisico non univoco**: si pensi per esempio ad un classico prodotto di consumo, un alimento deperibile, una bottiglia di vino, un articolo di cancelleria. Si tratta di prodotti non univoci, nel senso che ne esistono innumerevoli, tutti identici e indistinguibili. Per l'identificazione si utilizzano numeri di serie e numeri di lotto che vengono stampati su etichette e queste vengono successivamente associate al prodotto. Se ci pensate tutti i prodotti commestibili hanno etichette che li associano al processo di filiera, sono le stesse su cui vengono riportate la data di scadenza e altre informazioni per il consumatore. Non potendo quindi applicare una funzione crittografica ad un oggetto fisico di questo genere, quello che si fa è applicarla ai dati di filiera: numero del lotto, numero di serie (se esiste), data di confezionamento, ecc. La notarizzazione di queste informazioni è senz'altro possibile, il problema è che non serve a nulla perché l'accoppiamento tra etichetta e prodotto in gran parte dei casi può essere manomesso, quindi, qualunque siano i dati che si notarizzano su un sistema DLT, il processo di notarizzazione non aumenterà minimamente la sicurezza del prodotto. Anche se può avere un senso notarizzare le singole fasi di un processo di produzione e di filiera in cui quelli che vengono notarizzati sono asset digitali provenienti dai sistemi informativi che gestiscono il processo, purtroppo il prodotto stesso può venire sostituito con un altro che ha seguito una diversa filiera di produzione o distribuzione. Si tratta ovviamente di frodi alimentari o di falsi nella filiera di produzione e sfortunatamente, in questi casi, la notarizzazione non ne diminuisce il rischio.

Quali sono gli errori che si commettono parlando di Blockchain?

Quando si ragiona dell'utilizzo di sistemi DLT (un po' impropriamente chiamati "blockchain") in ambito industriale, come spiegato, non ha alcun senso parlare di "certificazione" quanto invece di "notarizzazione" perché, in questo caso, andremo a utilizzare la tecnologia per le caratteristiche che può offrire: l'immutabilità sostanziale del dato nel tempo e la certezza della sua esistenza a partire da quel momento.

Quando si parla genericamente di "blockchain" è opportuno capire che esistono sistemi diversi, con caratteristiche diverse, alcuni dei quali sono più adatti a essere utilizzati per la notarizzazione, altri che invece non consentono l'accesso diretto alle informazioni, ma soltanto mediato attraverso l'utilizzo di un ulteriore strato tecnologico che ne riduce complessivamente la trasparenza.

Esistono poi asset che ha senso notarizzare, tipicamente gli asset digitali e quelli fisici univoci per i quali esiste una rappresentazione digitale univoca.

Per tutti gli altri non ha senso parlare di notarizzazione su sistemi DLT.

Quali i vantaggi della tecnologia Blockchain in termini di sostenibilità?

L'utilizzo consapevole di questi strumenti, con i loro limiti e i loro vantaggi, può consentire alle aziende virtuose il miglioramento dei processi di produzione e distribuzione, fornendo al consumatore finale un prodotto migliore, di più alta qualità e che risponda meglio alle esigenze di trasparenza nella tracciatura della filiera. Non si tratta soltanto di aspetti legati alla componente economica, ma anche alla riduzione degli sprechi alimentari e alla consapevolezza di quello che le famiglie mettono in tavola. Avere prodotti di qualità superiore ha inoltre impatti anche sulla salute dei consumatori e sulla loro qualità della vita.

Entrando nel merito dei processi di produzione, si potrebbero individuare degli indicatori che consentano al consumatore di scegliere il prodotto non soltanto in relazione al rapporto qualità/prezzo, ma anche in funzione delle condizioni di allevamento degli animali, della sostenibilità del processo di produzione, del trattamento che viene riservato ai lavoratori della filiera.

Tutto questo senza dimenticare che questi aspetti devono essere gestiti e certificati a livello di processo di produzione e che i sistemi DLT, talvolta impropriamente chiamati blockchain, possono esclusivamente aiutare nella notarizzazione, non certo nella fase di certificazione.

Un altro indicatore importantissimo per il nostro Paese è costituito dalla comprensione di quali siano i Paesi che concorrono alla produzione e alla lavorazione delle materie prime: senza questo indicatore è impossibile determinare cosa sia Made in Italy e cosa no. Anche in questo caso è necessario essere razionali e comprendere che i sistemi DLT possono esclusivamente notarizzare informazioni provenienti da processi di produzione e distribuzione che siano già certificati all'origine. In questi casi l'utilizzo di un sistema DLT totalmente trasparente ha il vantaggio di rendere le informazioni direttamente disponibili ai potenziali acquirenti di tutto il mondo, rendendoli quindi consapevoli di cosa stiano comprando, di quale sia la provenienza delle materie prime e di quali siano i Paesi in cui si svolgono le diverse fasi della produzione.

Nota di ripubblicazione

A distanza di qualche anno il clamore mediatico ingiustificato sulle tecnologie blockchain si è ridimensionato moltissimo e sul mercato sono rimaste alcune ottime soluzioni in grado di aiutare concretamente il controllo di filiera. Nessuna di queste utilizza più in modo improprio il termine "certificazione". Tutto è bene quel che finisce bene.

INNOVAZIONE È LAVORO

In origine pubblicato su TechEconomy 2030[13] il 1° maggio 2020.

La definizione che preferisco del concetto di innovazione è questa: "L'innovazione è il processo che genera valore partendo dalle idee".

Non è una definizione mia, ma di due luminari internazionali dell'Innovation Management che si chiamano Joe Tidd[14] e John Bessant[15], se siete interessati all'argomento vi consiglio caldamente i loro libri.

È la definizione che preferisco perché contiene tutto quello che serve e lo fa in modo estremamente sintetico, chiaro ed efficace: dal fatto che sia necessario partire dalle idee, al fatto che la chiave di tutto sia il "processo", cioè quella parte lunga, faticosa e talvolta sfiancante che spesso non si vede, ma che c'è dietro ad ogni successo (e purtroppo anche dietro ogni insuccesso), fino al significato più profondo del concetto stesso di innovazione: il valore.

Quando si parla di valore, soprattutto in contesti industriali, si tende a pensare che l'unico aspetto rilevante di questo termine sia quello relativo alla componente economica, in realtà invece c'è molto di più, oltre al valore economico generato direttamente dalle iniziative di innovazione, infatti, c'è l'impatto che queste possono avere sul mondo che ci circonda, in termini ambientali e sociali.

---

[13] https://www.techeconomy2030.it/2020/05/01/innovazione-e-lavoro/

[14] http://www.sussex.ac.uk/profiles/41343

[15] https://www.linkedin.com/in/john-bessant-8561391/?originalSubdomain=uk

Gli impatti di ordine ambientale sono abbastanza evidenti e intuitivi, se un'iniziativa di innovazione consente di viaggiare abbattendo i livelli di inquinamento, di scaldarsi con energie rinnovabili, di riciclare il 100% dei rifiuti che produciamo, allora la consideriamo interessante e sostenibile dal punto di vista del rispetto dell'ambiente.

Gli impatti di ordine sociale invece sono spesso meno visibili, ma sono anch'essi straordinariamente importanti: un'azienda che mette sul mercato un nuovo prodotto o servizio di successo lo fa impegnando risorse ed esperienze, ma anche aprendo nuove linee di produzione, assumendo personale, attivando consulenze e facendo partire un volano economico che va ben oltre la misurazione in costi e ricavi dell'iniziativa stessa, che invece investe positivamente decine, a volte centinaia o migliaia, di famiglie, dando loro risorse, stabilità economica e nuova linfa vitale, perché il lavoro non è soltanto salario, ma è anche e soprattutto quello: linfa vitale, energia, positività e senso di appartenenza.

Talvolta anche l'oggetto stesso dell'innovazione è uno straordinario alleato sul posto di lavoro, perché ha a che fare con la qualità del lavoro o con la sua sicurezza, si pensi per esempio a tutti gli strumenti che consentono di fare meglio il proprio lavoro, in meno tempo e con migliore precisione, oppure a tutte quelle applicazioni della tecnologia che consentono di evitare di esporsi a inutili rischi, che permettono di svolgere in piena sicurezza anche compiti potenzialmente pericolosi o che, a tutti i livelli, sono destinati a salvare la vita delle persone o a preservarne la salute.

Infine ci sono tutti quelli strumenti che, in questo momento difficile per il nostro tempo, stanno consentendo ai più fortunati di noi di poter continuare a lavorare anche senza recarsi fisicamente sul luogo di lavoro, mantenendo una produttività soddisfacente e tenendo attivi interi comparti del paese.

Si potrà obiettare che talvolta innovazione e tecnologia possono essere usati a discapito dei lavoratori e del lavoro stesso, per aumentare il controllo, per stimolare artificialmente la produttività, o per inserire algoritmi decisionali in grado di determinare chi assumere o chi licenziare.

È vero, ma questo è un modo di usare innovazione e tecnologia che mira unicamente alla componente economica, trascurando in modo miope la componente sociale e le enormi ricadute sulla società che, invece, può essere generata da un'attenzione particolare a questi temi.

L'innovazione è quindi uno straordinario abilitatore per il lavoro, per la produttività, per la sicurezza, per fare le cose meglio e in meno tempo e per consentire il lavoro da casa seguendo modelli e processi sempre più agili e rispettosi della vita di tutti.

Nota di ripubblicazione

L'Organizzazione Internazionale del Lavoro[16] stima che circa 2,3 milioni di donne e uomini in tutto il mondo muoiano ogni anno a causa di incidenti sul lavoro o malattie correlate, corrispondenti a oltre 6000 morti ogni giorno.

A livello mondiale si verificano circa 340 milioni di incidenti lavorativi all'anno, a cui vanno aggiunte circa 160 milioni di vittime di malattie correlate al lavoro.

Queste stime dell'ILO sono aggiornate periodicamente e indicano un aumento, anno su anno, degli incidenti e delle malattie legate al lavoro.

È evidente quindi che c'è davvero ancora molta strada da fare per migliorare le condizioni di sicurezza sui luoghi di lavoro.

---

[16] https://www.ilo.org/

DA INNOVATION A WENNOVATION

In origine pubblicato su Ingenium Magazine[17]

In una società che tenta di uscire il più velocemente possibile e nel migliore dei modi dalla crisi gravissima innescata dalla pandemia, i più importanti analisti del mondo, nonostante i numerosi indicatori nell'area dell'incertezza, sono concordi nel dire che nel medio periodo la crisi spingerà le aziende a investire sempre più in innovazione e trasformazione digitale.

Processi e attitudini che diventeranno rapidamente una priorità per tutte quelle organizzazioni che decideranno di reagire con forza alla crisi tentando di cogliere le opportunità che questa potrà generare

La chiave per la ripartenza dell'economia nella fase post-covid passa dunque attraverso l'applicazione di una completa strategia industriale ed economica al cui centro vi siano le persone, che sia basata su ecosistemi, attivata dall'innovazione e abilitata dalle nuove tecnologie.

In questo scenario completamente rinnovato, il concetto di innovazione diventa esso stesso parte di una strategia di ordine superiore, che non è più soltanto uno strumento per stare meglio sul mercato e per crescere, ma diventa invece l'unica vera strada percorribile per garantire un futuro prospero alla propria organizzazione e un impatto positivo sul mondo che ci circonda.

Il modo in cui si fa innovazione nelle organizzazioni deve quindi tener conto anche di nuovi aspetti che in precedenza potevano a volte essere considerati meno rilevanti, ma che invece in questa nuova fase diventano assolutamente centrali per la buona riuscita del processo di innovazione e di conseguenza per il valore che ci aspettiamo venga prodotto da esso.

---

[17] Ingenium Magazine non è più disponibile online

Da Innovation a Wennovation

Dobbiamo quindi passare dal concetto di "Innovation" a quello di "Wennovation", un processo di innovazione aumentato, grazie a una più importante e decisiva presenza e incisività del nostro contributo personale e organizzativo.

Wennovation si può tradurre innanzi tutto con "noi facciamo innovazione". Questo significa che siamo noi stessi, in prima persona, a essere protagonisti delle iniziative di innovazione dell'organizzazione in cui operiamo e del mondo che ci circonda. Non più e non solo, quindi, elementi passivi della macchina organizzativa, ma attori protagonisti di quegli stessi complessi processi di innovazione che consentiranno alla nostra organizzazione di portare sul mercato nuovi prodotti, proporre nuovi servizi e guadagnare attraverso nuovi e diversificati modelli di business.

Per essere protagonisti di questo cambiamento dovremo, tutti, uscire dai nostri confini individuali, pensare sempre più e meglio fuori dagli schemi, andare sempre un po' più a mutare, con spirito propositivo e creativo, quelle logiche che talvolta nelle organizzazioni costituiscono un freno all'innovatività.

È chiaro che le organizzazioni devono fare la loro parte facilitando questo paradigma, incentivando la generazione di buone idee, mettendo a disposizione tempi e ambienti dedicati alla collaborazione su tematiche di innovazione e tecnologia, sapendo individuare i talenti e considerando la propensione all'innovatività come uno dei soft skill più importanti.

Innovare insieme

Wennovation ha anche il significato di "noi facciamo innovazione insieme", all'interno di ecosistemi di partecipazione composti da clienti, fornitori, partner e stakeholder di varia natura e nei quali il nostro business di domani viene ideato, progettato e reso possibile grazie alla collaborazione di tutti i partner. Questo cambio culturale porterà le aziende e le organizzazioni a rendersi conto del fatto che il loro business non coincide più soltanto con quello che fino a ieri consideravano loro, ma sarà diventato il business del loro cliente, e anche quello del loro fornitore, e spesso avrà delle strette relazioni con quello dei loro potenziali partner. Sarà quindi una cosa normale farsi aiutare nelle cose che non sapremo fare o che altri sapranno fare meglio di noi.

Sarà necessario muoversi in una logica che vada oltre il concetto di open innovation e che preveda da un lato percorsi di rinnovamento continuo e reciproco dell'offerta, dall'altro l'attivazione di specifiche iniziative di co-innovazione guidate da partner specializzati e abilitate da percorsi completi che prevedano l'utilizzo di strumenti di co-design, imagination design e design thinking.

Operando in questo modo ci si renderà conto che il risultato finale sarà notevolmente superiore alla somma dei singoli risultati, perché la partecipazione diventerà in breve tempo collaborazione e subito dopo reciproca contaminazione di idee, di proposte e di soluzioni. L'esito conclusivo sarà, per le organizzazioni, la capacità di cambiare più velocemente e meglio, affrontando più facilmente e più serenamente i cambiamenti del mondo che ci circonda.

Innovazione per noi

Wennovation ha anche il significato di "facciamo innovazione per noi", affiancando al concetto di sostenibilità economica, che deve essere sempre la stella polare di imprenditori e manager, anche i concetti di sostenibilità sociale e ambientale. Questo significa che le nostre iniziative di innovazione dovranno avere sempre più un impatto positivo anche in questi due ambiti fondamentali per il nostro futuro.

Se un tempo questi impatti potevano essere considerati gradevoli effetti collaterali di iniziative di innovazione tradizionale, in futuro dovranno essere messi al centro degli obiettivi di innovazione delle organizzazioni, passando da una visione in cui il punto di riferimento era esclusivamente il mercato, a una visione nuova e più adeguata ai nostri tempi in cui la concentrazione degli sforzi venga orientata a iniziative di innovazione sostenibile e di sostenibilità innovativa, con l'obiettivo di cambiare il mondo in meglio facendo, al meglio, il nostro lavoro. Ci abitueremo a pensare che, come in effetti è sempre stato anche se non tutti lo hanno sempre compreso, non esiste innovazione senza sostenibilità.

Le organizzazioni devono, da subito, iniziare a dotarsi di modelli di misurazione della sostenibilità per le singole iniziative di innovazione e di modelli di maturità della sostenibilità dei processi organizzativi, in modo da essere posizionate sempre meglio su un mercato che cambia e in un mondo che è già cambiato e che non attenderà chi invece deciderà di rimanere indietro.

Innovare noi stessi

In tutto questo non dobbiamo dimenticare che Wennovation significa innanzi tutto "innovare noi stessi", cambiando in meglio e radicalmente come innoviamo, produciamo e consumiamo prodotti e servizi, perché la Wennovation parte innanzi tutto dalle persone che decidono di cambiare in meglio il mondo, senza dimenticare che se non si sta costruendo un mondo migliore non si sta innovando affatto.

Nota di ripubblicazione

I concetti di innovazione e sostenibilità si stanno sempre più avvicinando e finalmente inizia a essere sempre più chiaro che non esiste innovazione senza sostenibilità. Le iniziative di innovazione hanno senso soltanto se hanno un impatto positivo sulla collettività.
C'è ancora molta strada da compiere, ma siamo nella direzione giusta

LA GUERRA TRA TRUMP E TWITTER È QUALCOSA CHE RIGUARDA TUTTI NOI

In origine pubblicato su Nova 100 - Il Sole 24 Ore[18] il 29 maggio 2000

E pensare che Mark Zuckerberg (fondatore e CEO di Facebook) era stato abbastanza chiaro quando l'11 aprile 2018 alla domanda del Senatore Orrin Hatch che gli chiedeva "Se Facebook è gratis, allora come fate i soldi?" aveva risposto "Senator, we run ads!"[19] ("Senatore, noi usiamo la pubblicità!"). Una situazione surreale in cui si faceva davvero fatica a comprendere se la domanda del senatore fosse seria oppure no, ma probabilmente la risposta è tutta nell'espressione divertita e incredula di Zuckerberg, come quando il professore ti fa una domanda senza comprendere nemmeno i fondamentali dell'intera materia che pretende di insegnare e tu, davvero, fai fatica a trovare la risposta adeguata che lui possa comprendere senza offendersi e darti un brutto voto.

Il modello di business basato sul servizio gratuito sostenuto dalla pubblicità non è infatti una novità e deriva dalla cara vecchia televisione generalista commerciale: ti fornisco programmi TV, tu li guardi e ti sorbisci la pubblicità che ti influenzerà in modo che tu domani comprerai i prodotti reclamizzati.

---

[18] https://massimocanducci.nova100.ilsole24ore.com/2020/05/29/la-guerra-tra-trump-e-twitter-e-qualcosa-che-riguarda-tutti-noi/

[19] https://www.youtube.com/watch?v=n2H8wx1aBiQ

Questo modello si è ulteriormente rafforzato ed estremizzato con l'avvento dei social network che, con il nostro esplicito consenso, utilizzano i dati che noi stessi concediamo loro (i nostri pensieri, le nostre foto, i nostri messaggi pubblici e privati, i nostri like, le nostre ricerche su internet, ecc.) con l'obiettivo di fornirci pubblicità mirata e personalizzata, in modo da massimizzarne l'efficacia, si genera quindi un perfetto "do ut des", tu mi dai i volontariamente tuoi dati e io ti fornisco il servizio, tu vendi la pubblicità degli inserzionisti e loro mi pagano.

Ecco quindi nascere il prezioso detto "se il prodotto è gratuito allora il prodotto sei tu" che sintetizza perfettamente questa situazione.

Tutto questo meccanismo funziona fino a quando le piattaforme rimangono intermediari e terzi rispetto ai contenuti, non entrando nel merito di quello che gli utenti scrivono e pubblicano e non inserendo nessun grado di moderazione, cosa che però non è facile perché se si vuole aumentare costantemente il numero degli utenti, è necessario tentare di garantire un ambiente che sia il più "pulito" e confortevole possibile, ecco allora entrare in gioco "gli standard della comunità" per dirla alla Facebook o "le Regole" per dirla alla Twitter. Una serie di linee guida che non devono essere infrante, pena il blocco della pubblicazione, la sospensione dell'account o, nei casi più gravi, la sua completa disattivazione. Ecco, quindi, la scomparsa quasi totale di materiale illegale e di contenuti che contravvengano alle regole imposte dalle piattaforme ed ecco il primo grande distacco dei social network dalla totale libertà di parola ed espressione garantita dalla rete Internet.

Sulla rete chiunque può registrare un dominio e iniziare a pubblicare quello che vuole, senza nessuna limitazione o censura, se poi quello che scrive verrà giudicato diffamatorio, lesivo di qualche diritto di altri o indicatore di qualche reato, sarà la giustizia a occuparsene, facendo oscurare il sito e perseguendo l'autore del materiale ritenuto illegale.

Sui social invece il limite di quello che si può pubblicare o no, non dipende dalle norme dei vari stati, dipende dagli "standard della comunità", dalle "regole" che i social si sono dati in autonomia e che sono state accettate dagli utenti come condizione per utilizzare la piattaforma. Questo significa che su un social network si può pubblicare un contenuto perfettamente legale e vederselo cancellare, o peggio vedersi sospendere o cancellare l'account, perché quel contenuto "viene interpretato" come irrispettoso delle regole dagli algoritmi che tentano di mettere ordine.

Le cose si complicano ulteriormente quando le piattaforme tentano di mettere un freno alle "fake news", quelle notizie false costruite ad arte per attirare gli utenti e fare in modo che clicchino su particolari link oppure, e qua viene il bello, per cambiare l'orientamento politico degli elettori.

Sappiamo tutti che la propaganda politica è quasi sempre molto lontana dalla verità, ma l'estremizzazione di questo comportamento è la costruzione di vere e proprie reti di generatori di notizie false e di finti follower in grado di prendere queste "non notizie" e farle rimbalzare sui social con migliaia e migliaia di condivisioni. Si arriva dunque all'inquinamento informativo dell'elettorato, composto per buona parte da persone che non si informano, che non leggono oltre i titoli dei quotidiani online e che si fanno quindi influenzare pesantemente da notizie false, meme e contenuti politici che di politico hanno pochissimo, ma che hanno una grande presa sull'opinione pubblica.

Tutto questo, sfortunatamente, ha un enorme peso sulla qualità dell'informazione e inevitabilmente finisce per influire sui risultati elettorali.

Siamo quindi nel paradosso che chi fosse in grado di proporre contenuti politici e sociali di valore, di fornire soluzioni vere e concrete per il paese in cui opera, di garantire benessere di lungo periodo, verrebbe comunque sconfitto alle elezioni dai chi fosse in grado di manipolare l'opinione pubblica con notizie false e con orde di condivisori seriali compulsivi.

Le piattaforme social sono quindi state accusate in passato di aver concesso la pubblicazione di fake news indirizzate all'influenza dell'elettorato degli indecisi e determinare quindi gli esiti di alcune elezioni nel mondo.

Probabilmente il caso più famoso è riferito all'azione di 470 account finti che avrebbero speso centomila dollari per sponsorizzare post in grado di influenzare l'opinione pubblica e convincerla a votare Trump invece di Hillary Clinton. In quel caso si trattava in massima parte di contenuti controversi o falsi scritti ad arte per alimentare discussioni e polemiche su temi molto caldi in USA, come i diritti delle persone LGBT, la libertà di comprare armi o l'immigrazione.

Per mettere un freno a questa situazione, alcuni social hanno deciso di intervenire direttamente sui contenuti, in alcuni casi cancellandoli, in altri casi inserendo opportuni marcatori di "non attendibilità" del contenuto pubblicato, per segnalare al lettore che quel contenuto potrebbe contenere notizie false. Inserendo quindi una sorta di moderazione del contenuto stesso, una "revisione editoriale" del contento, che entra nel merito, lo giudica e ne determina il livello di veridicità.

La piattaforma non è più quindi terza rispetto a quello che gli utenti pubblicano, ma effettua valutazioni di merito sul singolo contenuto determinando se quell'informazione ha dignità di essere pubblicata oppure no o se all'informazione sia necessario aggiungere un piccolo tag che dica "Se vuoi conoscere i fatti veri clicca qua".

Questo approccio cambia totalmente il paradigma di diffusione dei contenuti sui social, se prima si andava sulla piattaforma per leggere il pensiero disintermediato di un politico, di un filosofo o di un attore, da domani potremmo andare sulla piattaforma per leggere lo stesso pensiero, ma mediato da un terzo che potrebbe determinare cosa, come e quando un certo contenuto potrebbe essere pubblicato, esattamente quello che accade oggi con molte testate giornalistiche tradizionali, che spesso tentano di sottolineare gli aspetti positivi di quelle situazioni a cui gli editori sono più vicini e di evidenziare invece gli aspetti negativi delle altre. Non si tratta di mentire, si tratta di dare la notizia in modo diverso e di nascondere o minimizzare le notizie scomode, lo sappiamo benissimo come funziona.

Ecco, quindi, che la guerra in corso tra Trump e Twitter, con tweet che vengono etichettati come "fake", con minacce di interventi politici all'autonomia delle piattaforme e con altri tweet che vengono nascosti perché giudicati portatori di "incitamento all'odio", assume un significato molto più grande e complesso rispetto alla caratura degli attori in gioco ed è bene che iniziamo a farci qualche domanda.

È giusto che un politico utilizzi come canale istituzionale di comunicazione alla popolazione una piattaforma privata dovendo sottostare ai suoi "standard della comunità" o alle sue "Regole" che potrebbero in qualche modo limitare la sua libertà di espressione e di comunicazione verso il suo elettorato o verso il Paese che governa?

È giusto che un politico racconti bugie e propagandi fake news allo scopo di circuire politicamente la parte più debole della popolazione e convincerla a votare per lui?

È giusto che una piattaforma istituisca delle regole che, nei fatti, limitano la libertà di espressione delle persone, anche se i contenuti pubblicati non violano alcuna legge? Per rispondere a questa domanda si tenga conto che il servizio non è gratuito, ma è pagato con i nostri dati, in caso contrario non sarebbe economicamente sostenibile e non esisterebbe.

È giusto che una piattaforma decida cosa è e cosa non è una notizia falsa e di conseguenza si arroghi il diritto di limitare la pubblicazione di quelle ritenute false?

Le piattaforme sono "social" che mettono in comunicazione le persone, e quindi non intervengono e non sono responsabili dei contenuti che vengono pubblicati dagli utenti, oppure sono "servizi editoriali" che verificano e moderano la qualità dei contenuti e quindi ne sono pienamente responsabili in ogni situazione e per tutti gli utenti? È possibile una posizione intermedia?

Ha senso iniziare a pensare a piattaforme social e di comunicazione aperte, gratuite, basate su standard condivisi, senza pubblicità, senza moderazione e che operino come "servizio pubblico" come avviene per alcuni network televisivi? Una evoluzione naturale della rete che unisca la libertà e apertura con la possibilità offerte oggi dalla comunicazione sociale.
Ha senso?

Infine, la domanda delle domande: cos'è una fake news?

Nota di ripubblicazione

Nel periodo successivo alla pubblicazione di questo articolo si sono svolte le elezioni presidenziali negli Stati Uniti, vinte da Joe Biden.
Durante la certificazione del risultato elettorale, il 6 gennaio 2021, i sostenitori di Donald Trump hanno assaltato il Campidoglio a Washington D.C.
Si è trattato di uno dei più gravi attacchi alla democrazia americana nella storia recente ed è stato innescato da un comizio di Donald Trump che nelle settimane precedenti aveva utilizzato Twitter come megafono per diffondere una narrativa infondata sul fatto che le elezioni fossero state rubate o manipolate, contribuendo a incrementare la tensione e il malcontento tra i suoi sostenitori.
L'account Twitter di Donald Trump è stato sospeso permanentemente l'8 gennaio 2021 a causa del rischio di ulteriori incitamenti alla violenza. Questa decisione ha suscitato un ampio dibattito sulla regolamentazione dei social media e sulla libertà di parola.
Con l'avvento di Elon Musk alla guida di Twitter, successivamente rinominato X, l'account di Donald Trump è stato riattivato il 20 novembre 2022.
Sfortunatamente, ancora oggi, qualunque decisione rimane nella disponibilità della piattaforma o del singolo, in questo caso di Elon Musk, e non esiste alcuna regolamentazione che possa impedire che fatti del genere possano verificarsi di nuovo.

Pezzi di Futuro

SMART WORKING SÌ, CON STRUMENTI GIUSTI E LAVORO PER OBIETTIVI

In origine pubblicato su Ingenium Magazine[20] il 5 giugno 2020

Introduzione

Una delle cose che hanno subìto un'improvvisa accelerazione a causa della pandemia è senza dubbio l'adozione dello smart working da parte delle aziende e per tutte le figure professionali compatibili con questa modalità di lavoro.

Smart working non significa però continuare a fare le stesse cose di prima, con le modalità utilizzate in precedenza in un luogo diverso. Si tratta invece di un completo cambio di prospettiva nel rapporto di lavoro, che ha impatti sulle modalità, sui tempi, sui processi interni delle organizzazioni e sugli strumenti che queste mettono a disposizione di dipendenti e collaboratori.

Quali gli strumenti utili al lavoro smart?

Quella che viene fornito inizialmente è quasi sempre una piattaforma di videoconferenza, uno strumento essenziale per sostituire l'incontro fisico con un suo surrogato virtuale che deve in qualche modo portare agli stessi risultati di produttività, anche se con tutte le limitazioni legate alla complessa catena composta da hardware, software, connettività e attenzione, i cui anelli devono sempre essere adeguati e ben funzionanti.

---

[20] Ingenium Magazine non è più disponibile online

Un altro aspetto da non trascurare è la cosiddetta "Zoom fatigue"[21], un neologismo inventato dalla versione internazionale della rivista "National Geographic" e che sostanzialmente evidenzia come l'uso (e soprattutto l'abuso) dei sistemi di videoconferenza e di interazioni virtuali possa essere estremamente faticoso per il nostro cervello causando un vero e proprio affaticamento per via della diversa tipologia di comunicazione e della necessità di mantenere costante e alto il livello di attenzione, in modo diverso e più intenso di quanto non sia possibile fare durante una conversazione o una riunione in presenza.

Per rendere davvero efficaci le piattaforme di videoconferenza in un'organizzazione è necessario quindi individuare quelle giuste in funzione delle caratteristiche dei gruppi di lavoro che le utilizzeranno e per ottenere questo risultato è necessario classificarle attraverso funzionalità che potrebbero non essere scontate e che vanno oltre la semplice richiesta di stabilità e qualità della componente audio e video.

Portabilità della piattaforma

Una classificazione utilissima consiste nel chiedersi se la piattaforma in esame sia portabile su più strumenti differenti oppure sia vincolata a uno specifico tipo di dispositivo, è chiaro che in alcuni casi poterla utilizzare su PC, Mac, tablet e smartphone può essere un vantaggio, ma paradossalmente in alcuni casi potrebbe essere richiesto il requisito opposto, cioè il fatto che la piattaforma sia in grado di funzionare soltanto su PC e Mac e che non esistano le apposite app per dispositivi mobili. Questo ha senso in condizioni particolari quando è necessario vincolare l'utilizzatore all'uso di uno specifico dispositivo per motivi di sicurezza o riservatezza.

Tipologia di client

Un'altra classificazione interessante riguarda la disponibilità o meno di un apposito client da utilizzare sul dispositivo, tendenzialmente un PC o un Mac.

In alcuni casi si tende a preferire la presenza di un client dedicato, questo ha vantaggi di accesso all'hardware e consente un migliore livello di protezione delle comunicazioni, ma d'altra parte costringe gli utenti alla ricerca, il download e l'installazione della versione giusta del client per il loro sistema, cosa che a volte può non essere immediata. Le piattaforme più evolute hanno entrambe le modalità di fruizione, con o senza client, anche se stanno arrivando sul mercato piattaforme che offrono esclusivamente un web-client ed evitano quindi che l'utente si debba dotare di un apposito

---

[21] https://www.nationalgeographic.com/science/article/coronavirus-zoom-fatigue-is-taxing-the-brain-here-is-why-that-happens

software da installare magari sul suo dispositivo.

Sicurezza della comunicazione

Immaginando di dover spostare online una riunione riservata in cui magari si discute di informazioni strettamente confidenziali, di segreti industriali, di management aziendale o di tutto quello che non vorremmo uscisse dalla nostra "stanza virtuale", appare chiaro che in queste situazioni si può eventualmente accettare una qualità della comunicazione non perfetta, ma non si può certo correre il rischio che la comunicazione sia in qualche modo intercettata e che i suoi contenuti possano essere rubati o divulgati. Va detto comunque che, indipendentemente dal livello di sicurezza offerto dalla piattaforma, nessuno potrà mai impedire che uno degli utenti registri in modo diverso la conversazione e poi ne faccia un uso non coerente con gli obiettivi dell'organizzazione.

Registrazione audio/video della conferenza

Molte piattaforme offrono la possibilità di registrare la videoconferenza, in alcuni casi la registrazione può essere fatta soltanto dall'amministratore della sessione, in altri casi può essere fatta anche da alcuni utenti. Nonostante questo sia un requisito spesso richiesto, in alcuni casi è previsto che il requisito sia esattamente il contrario, cioè l'impossibilità materiale di registrare la comunicazione. Anche in questo caso vale quanto detto in precedenza, non c'è modo per impedire che uno degli utenti registri la conversazione in modi alternativi e fuori dal dispositivo che ospita la conferenza.

Integrazione nativa con strumenti di lavoro

Come detto in precedenza la piattaforma di videoconferenza è soltanto uno degli elementi di un ecosistema di smart working più complesso che ha l'obiettivo di rendere l'utilizzatore produttivo in modi, tempi e luoghi diversi rispetto al tradizionale lavoro d'ufficio. È quindi evidente che una stretta integrazione con i tradizionali strumenti di lavoro può diventare un elemento fondamentale per ottenere una buona produttività. Si pensi per esempio all'integrazione nativa con la posta elettronica, il calendario e la suite di office automation, oppure a strumenti ancora più evoluti che consentano di scambiarsi file al volo, di lavorare insieme su documenti, su lavagne condivise, su appositi strumenti di creatività o design thinking, di partecipare a social network aziendali o strumenti avanzati di collaborazione. In questi casi si tratta di considerare la suite completa come un vero e proprio ecosistema di lavoro, cosa che ha indubbi vantaggi rispetto all'utilizzo di numerose piattaforme senza una reale integrazione tra le varie parti.

Il virtual background

Una delle caratteristiche più richieste dai lavoratori è la possibilità di inserire uno sfondo virtuale quando si viene inquadrati dalla telecamera per partecipare a una conferenza. Questa, che a una prima analisi potrebbe sembrare una cosa superficiale, è in realtà uno strumento utilissimo per garantire la privacy delle persone e per non esporre i propri ambienti domestici alla vista di altri. Non tutti hanno una magnifica libreria in mogano piena di classici e di testi tecnici da sfoggiare come sfondo, in questi casi quindi la disponibilità di uno sfondo virtuale può essere un'ottima soluzione.

Quale futuro per lo smart working?

Il mercato delle piattaforme di videoconferenza è in grande fermento grazie alla crescita enorme della domanda e alla necessità delle aziende di dotarsi di strumenti sempre più adatti al loro modo di operare. Domanda che non è destinata a rientrare appena finita l'emergenza perché lo smart working, quello vero, è un lusso che nessuno vorrà più perdere. Certo non sono tutte rose e fiori e ci sono molte cose migliorabili, ma è inevitabile in una modalità nuova di operare che molti devono ancora comprendere a pieno, quello che è certo però è che non si tornerà indietro. Sicuramente nel breve periodo lo smart working rimarrà la modalità di lavoro preferenziale per le aziende più virtuose, e c'è da sperare che questa tendenza rimanga tale anche per il futuro visti gli innumerevoli vantaggi che porta.

Lavoratori e aziende

I lavoratori hanno capito che lavorare da casa può essere, salvo qualche eccezione, una straordinaria occasione per riappropriarsi del proprio tempo prima destinato al tragitto casa-lavoro, inoltre lavorare per obiettivi e non inseguendo unicamente la variabile "tempo" può avere effetti estremamente positivi sulla qualità della vita delle persone.

Le aziende più virtuose hanno capito che a molte delle trasferte che prima erano ritenute irrinunciabili si può in effetti tranquillamente fare a meno, ottenendo i medesimi risultati grazie alle riunioni virtuali e che questo ha impatti molto significativi sui costi delle trasferte, ma anche sui costi delle postazioni di lavoro nelle sedi aziendali.

Come effetto collaterale positivo c'è inoltre un non trascurabile effetto ambientale, meno persone che viaggiano significa anche meno inquinamento e questo è senza dubbio un fattore non trascurabile, ma significa anche meno traffico per chi deve necessariamente muoversi.

E che smart working sia dunque! Con i giusti strumenti e con una gestione del lavoro basata su obiettivi. Un lavoro, insomma, davvero "smart".

Nota di ripubblicazione

Dopo la pandemia da Covid-19, l'atteggiamento delle grandi aziende del mondo nei confronti del remote working è stato molto variegato.
Mentre alcune hanno continuato a permettere modalità di lavoro agili e indipendenti dal luogo di lavoro, altre hanno invece richiesto alla popolazione aziendale il rientro parziale nelle sedi di lavoro.
Fortunatamente, è piuttosto raro trovare aziende che abbiamo chiuso completamente le porte al remote working.
Nel frattempo, è venuto alla luce un fenomeno nuovo, quello delle "grandi dimissioni", che ha iniziato a interessare molte aziende statunitensi dalla fine del 2020, ma che poi si è esteso in tutto il mondo, e che è caratterizzato da un tasso eccezionalmente alto di dipendenti che lasciano volontariamente il loro posto di lavoro. Tra le cause di questo fenomeno c'è la volontà delle persone di lavorare, quando possibile, senza doversi recare necessariamente in ufficio, con orari flessibili e per obiettivi.
Questo fenomeno sta avendo un impatto significativo sul mercato del lavoro, sulle politiche delle aziende e sulle strategie di gestione del personale.
Il remote working è qui per restare.

INTELLIGENZA ARTIFICIALE E BLOCKCHAIN, UN MATRIMONIO INEVITABILE

Inizialmente pubblicato su Ingenium Magazine il 10 settembre 2020[22]

L'Intelligenza Artificiale ha una storia che viene da lontano, i primi lavori di rilievo si devono a John McCarthy, Allen Newell e Herbert Simon e sono degli anni '50.

I primi esperimenti su Blockchain (catene di blocchi) sono invece del 1991 grazie al lavoro dei ricercatori Stuart Haber e W. Scott Stornetta, anche se la vera e propria rivoluzione è avvenuta soltanto nel 2008 ad opera di Satoshi Nakamoto, pseudonimo che ancora non è stato possibile attribuire a una persona fisica o ad un team, con la presentazione del paper "Bitcoin: A Peer-to-Peer Electronic Cash System"[23].

Nonostante questa importante differenza di età, si tratta di due ecosistemi tecnologici abilitanti dotati di interessanti complementarità e che inevitabilmente nel prossimo futuro saranno destinati a collaborare strettamente.

Secondo un report[24] di PWC entro il 2030 l'Intelligenza Artificiale produrrà un aumento del volume d'affari globale per 15,7 trilioni di dollari generando un aumento del PIL del mondo pari al 14%.

---

[22] Ingenium Magazine non è più disponibile online

[23] https://bitcoin.org/bitcoin.pdf

[24] https://www.pwc.com/gx/en/issues/data-and-analytics/publications/artificial-intelligence-study.html

Anche le tecnologie Blockchain faranno la loro parte, secondo un'analisi[25] di Gartner nello stesso anno queste avranno un impatto sull'economia globale pari ad altri 3,1 trilioni di dollari, generando un incremento di un altro 3% del PIL mondiale.

Visti i volumi che si ottengono prendendo in considerazione separatamente questi ecosistemi tecnologici, è facile intuire che una relazione tra i due mondi, nel perfetto spirito dell'integratore di tecnologie abilitanti innovative, possa portare a nuovi e interessanti scenari.

Qualche fondamentale sulle tecnologie

Quando si parla di Blockchain, come descritto nel dettaglio nel white paper[26] di Engineering "Unchaining business through the Blockchain", ci si riferisce a una famiglia di tecnologie che consentono di realizzare registri distribuiti, i cosiddetti DLT (Distributed Ledger Technology), che si definiscono pubblici o privati in base a chi può leggerne il contenuto e si definiscono permissioned o permissionless in base a chi può accedervi in scrittura. Questi registri sono costituiti da una catena di blocchi di transazioni e questi blocchi sono crittografati, irrevocabili e condivisi da tutti i partecipanti di un ecosistema. Si tratta di tecnologie cui, con alcune limitazioni, si tende a delegare la fiducia rispetto alle transazioni che vi sono memorizzate. Molte Blockchain pubbliche inoltre hanno la caratteristica di poter "notarizzare" un'informazione, validarne cioè l'esistenza a partire dal momento in cui questa informazione è stata inserita all'interno del sistema e garantirne l'immutabilità nel tempo. Va chiarito tuttavia che "notarizzare" è cosa ben diversa da "certificare", in quanto non vi è alcuna garanzia che l'informazione inserita su una Blockchain pubblica sia vera, l'unica cosa certa è che quell'informazione esiste dal momento in cui è stata inserita sulla Blockchain e che da quel momento non potrà più essere modificata.

Le Blockchain pubbliche hanno, nelle loro implementazioni più utilizzate, due caratteristiche fondamentali: sono completamente decentralizzate, nel senso che non esiste un nodo della rete più importante di un altro, e sono trasparenti, nel senso che le transazioni sono tutte pubbliche.

Con Intelligenza Artificiale invece si intende la capacità di alcuni sistemi di completare task che normalmente richiederebbero l'intelligenza umana, come il riconoscimento di immagini e testi, la capacità di prendere decisioni in funzione dell'esperienza accumulata e non soltanto sulla base di regole scritte in un algoritmo, la capacità strategica, il ragionamento multi-contesto.

---

[25] https://www.gartner.com/en/newsroom/press-releases/2019-07-03-gartner-predicts-90--of-current-enterprise-blockchain

[26] https://www.eng.it/white-papers/blockchain

Si tratta in gran parte di applicazioni di algoritmi adattativi, in grado cioè di tener conto dell'esperienza, che utilizzano particolari architetture chiamate "reti neurali", veri e propri modelli computazionali che tentano di replicare, in modo molto semplificato, il funzionamento di una rete neurale biologica.

Le reti neurali, nelle loro implementazioni classiche, hanno anch'esse due caratteristiche distintive in totale controtendenza rispetto a quelle delle Blockchain: sono centralizzate, nel senso che la base di conoscenza è unica e non distribuita, e sono black-box. Quest'ultimo aspetto è particolarmente interessante, in pratica quando una rete neurale fornisce una sua valutazione, per esempio sul contenuto di un'immagine, non esiste quasi mai il modo di capire quali siano gli elementi che hanno contribuito alle scelte intermedie che hanno poi determinato la decisione finale.

Vediamo qualche esempio di future potenziali integrazioni.

Blockchain come base di conoscenza per algoritmi di AI

Molti registri distribuiti hanno la caratteristica, salvo particolari ottimizzazioni, di replicare l'intero contenuto del registro su tutti i nodi della rete. Si pensi per esempio alla Blockchain di Bitcoin, i nodi contengono tutte le transazioni in Bitcoin che sono state effettuate dall'inizio, cioè da quando il primo nodo è stato acceso e il primo scambio è stato contabilizzato. Le Blockchain possono rappresentare quindi basi di conoscenza straordinarie che, date in pasto ad apposite reti neurali, possono essere utilizzate con profitto da algoritmi di Intelligenza Artificiale dedicati.

Si pensi per esempio ad algoritmi di Intelligenza Artificiale che necessitino di utilizzare dati immutabili per ragioni normative, come quelli che riguardano i valori di inquinamento dei fumi di uno stabilimento, la velocità raggiunta dai mezzi per il trasporto pesante, i contenuti delle norme pubblicate in Gazzetta Ufficiale.

Smart Contract adattativi

Gli smart contract sono automatismi che consentono di applicare specifiche azioni al verificarsi di particolari condizioni nelle transazioni pubblicate su una Blockchain. L'implementazione attuale si basa per lo più su algoritmi tradizionali, mentre in futuro c'è da aspettarsi che alcune di queste implementazioni possano arrivare a livelli di complessità superiori fino a veri e propri algoritmi adattativi, propri delle metodiche classiche dell'Intelligenza Artificiale. In questi casi verrà naturale utilizzare l'intera base di conoscenza contenuta sulla Blockchain.

Il fatto che i contenuti presenti su molte Blockchain siano pubblici potrebbe anche aprire la strada a nuove iniziative basate sull'utilizzo "as a service" di algoritmi adattativi implementati tramite smart contract, realizzando dei veri e propri marketplace a disposizione di terzi.

Si pensi per esempio ad algoritmi che calcolano automaticamente il costo di una ricarica di energia elettrica, attivano la transazione economica e calcolano quando e dove sarà consigliabile fermarsi per la prossima ricarica sulla base dell'esperienza di guida dell'utente e del percorso selezionato. Tali algoritmi potrebbero essere concessi in uso anche a terzi che devono effettuare calcoli simili operando su dati diversi.

Distributed computing as a service

Le Blockchain, soprattutto quelle basate sulla Proof Of Work, hanno la caratteristica di aver bisogno di grande potenza di calcolo per effettuare la cifratura dei blocchi contenenti le transazioni. Allo stesso modo molti algoritmi di Intelligenza Artificiale sono, in alcune condizioni, affamati di prestazioni per via della complessità delle reti neurali. Questo può innescare una vera e propria condivisione di potenza computazionale che può essere ceduta da architetture in quel momento più scariche verso architetture sotto pressione, con indubbi vantaggi di tipo infrastrutturale, energetico ed economico.

Esistono infine ipotesi di integrazione, tra Blockchain e Intelligenza Artificiale, in grado di mitigare i fenomeni di black-box e l'introduzione di bias all'interno delle reti neurali. Quel che è certo è che l'unione di questi concetti, sul piano tecnico e operativo, può aprire nuovi scenari di enorme interesse in ambito industriale.

Nota di ripubblicazione

A distanza di tre anni dalla pubblicazione, possiamo dire con certezza che l'integrazione tra blockchain e intelligenza artificiale è un campo in rapida evoluzione.

Si utilizzano le blockchain pubbliche per tracciare gli stati intermedi dei processi decisionali degli algoritmi, migliorando la trasparenza delle decisioni. Si tratta inoltre di due tecnologie chiave all'interno dell'ecosistema del metaverso e negli ambiti: Smart Computing Power, Data Protection, Data Monetization, Trusting AI Decision Making.

IL FUTURO È NELLA EXTENDED REALITY

In origine pubblicato su Ingenium Magazine il 12 settembre 2020[27]

Ci aspetta un futuro in cui cambierà radicalmente il nostro modo di relazionarci con la tecnologia, ed essendo la tecnologia un formidabile abilitatore di processi, questo cambio radicale inciderà profondamente sulla nostra vita quotidiana, modificando il modo in cui ci relazioneremo con il mondo e il modo con cui lavoreremo.

Al centro di questo cambiamento c'è un paradigma non necessariamente nuovo, quello della Extended Reality, che però non ha ancora trovato la sua piena e completa realizzazione nel mondo consumer per questioni squisitamente tecnologiche e di mercato, ma sappiamo che la tecnologia evolve rapidamente e i nuovi mercati spesso vengono attivati grazie alla disponibilità di nuove opportunità offerte proprio dalla tecnologia.

La Extended Reality è un modello di interazione con la realtà ed è l'unione di tre modelli esistenti che attualmente offrono alcuni approcci molto interessanti, ma purtroppo hanno ancora una limitata penetrazione sul mercato. I tre modelli sono: Realtà Virtuale, Realtà Aumentata e Realtà Mista.

La "Realtà Virtuale" è un modello di fruizione di contenuti e servizi basato completamente sull'interazione con ambienti artificiali e

---

[27] Ingenium Magazine non è più disponibile online

simulati e che non hanno nessuna relazione con la realtà fisica in cui l'utente vive.

Per accedere a esperienze di realtà virtuale è necessario indossare appositi elmetti o occhiali completamente immersivi che consentono di dedicare l'intera nostra attenzione al mondo virtuale, scollegandoci completamente dalla realtà fisica del mondo che ci circonda. Questo significa essere completamente immersi in una dimensione artificiale e percepire la realtà virtuale come l'unica realtà esistente.

Sul mercato esistono alcuni casi d'uso piuttosto interessanti come la fruizione di contenuti o i videogiochi. Mentre con la fruizione di contenuti, come film o concerti, si ha un approccio tendenzialmente passivo, il gaming ha invece una naturale necessità di interazione; per questo si utilizzano appositi dispositivi che consentono all'utente di interagire con l'ambiente artificiale impartendo comandi al videogame.

L'esperienza che deriva da questa tipologia di fruizione è molto più intensa e diretta rispetto alla fruizione tradizionale su schermo. Si pensi, per esempio, a cosa si può provare nel vedere un film da dentro la scena, potendosi muovere tra gli attori e cambiando il punto di vista semplicemente muovendo la testa. Allo stesso modo si pensi al tipo di esperienza che si può avere guidando un'automobile in pista essendo totalmente immersi in quel tipo di realtà.

Come si può immaginare questa tipologia di fruizione tende a scollegare completamente l'utilizzatore dalla percezione della realtà fisica, questo significa che è necessario stare attenti a non scontrarsi con oggetti o con le pareti della stanza se si decide di muoversi all'interno di un videogame.

La "Realtà Aumentata" invece non necessità di un completo distacco dalla realtà fisica, l'utilizzatore si trova immerso nel suo ambiente tradizionale, ma questo ambiente viene arricchito inserendo, tra utilizzatore e realtà, uno o più strati informativi.

Nei casi più semplici si può utilizzare uno smartphone o un tablet per aggiungere informazioni a quello che stiamo guardando attraverso lo schermo. Si pensi, per esempio, alle applicazioni in grado di indicare il nome delle montagne che inquadriamo con lo smartphone oppure quelle che ci danno informazioni su un monumento quando su di esso puntiamo il nostro obiettivo. In questo caso l'utilizzatore è immerso nella sua realtà fisica e ha interazioni esclusivamente con essa, gli strati informativi che vengono aggiunti servono esclusivamente ad arricchirla.

Esistono anche modalità di fruizione più complesse della Realtà Aumentata, modalità che non si appoggiano a strumenti consumer, ma a veri e propri dispositivi dedicati, come elmetti dotati di occhiali traslucidi in grado di vedere sia la realtà fisica attraverso l'occhiale, sia gli strati informativi che alla realtà vengono aggiunti; questi strati saranno proiettati sulle lenti traslucide dell'occhiale. Si tratta di dispositivi molto interessanti che consentono, per esempio, il monitoraggio di impianti industriali, la formazione specializzata su procedure complesse, il supporto remoto di specialisti a tecnici sul campo.

Esiste poi un modello che consente di interagire contemporaneamente sia sul piano fisico che sul piano virtuale e prende il nome di "Realtà Mista".

Durante un'esperienza di Realtà Mista l'utilizzatore ha a disposizione un dispositivo specialistico deputato all'aggiunta di strati informativi alla realtà fisica, ma è previsto che con queste informazioni egli possa interagire grazie all'utilizzo di apposite gesture, movimenti effettuati con le mani di fronte alla scena inquadrata e che causano una vera e propria interazione con la componente non fisica.

L'utilizzatore potrà quindi interagire direttamente con la realtà fisica, per esempio aprendo una porta, e tramite gesture con la componente virtuale, per esempio sbloccando una serratura elettronica virtuale che determini lo sblocco reale della serratura fisica. Strumenti di questo tipo vengono già oggi utilizzati in ambito industriale da personale dedicato alla manutenzione di macchinari o veicoli: è sufficiente inquadrare una porzione del macchinario, ricevere le informazioni sul display traslucido dell'occhiale, effettuare le operazioni e confermare con le gesture.

La Extended Reality è quindi un modello di interazione complesso che si ottiene unendo tutti questi concetti e portando su un piano diverso la completezza dell'esperienza che è possibile offrire all'utilizzatore finale.

Per ora gli utilizzi concreti sono esclusivamente nel mercato business, per portare questo tipo di esperienza nel mondo consumer sarà necessario attendere che escano sul mercato dispositivi non troppo invasivi, che l'utilizzatore possa indossare volentieri e, soprattutto, che offrano un valore aggiunto concreto nella vita di tutti i giorni grazie ad apposite funzionalità dedicate. Questi dispositivi saranno con buona probabilità degli smart glasses, occhiali con a bordo molta tecnologia e in grado di offrire nuove funzionalità attraverso queste innovative modalità di interazione.

Gli smart glasses che ci aspettiamo nel prossimo futuro saranno dispositivi sempre connessi e con una durata della batteria che consentirà l'utilizzo continuativo per tutta la giornata, esattamente il livello minimo di qualità che l'utente si aspetta oggi da uno smartphone o da dispositivi indossabili come gli smart watch. Una delle caratteristiche peculiari sarà la possibilità di mutare il livello di trasparenza delle lenti, che potranno essere completamente trasparenti per un utilizzo come dispositivi di Realtà Aumentata e Mista, oppure completamente opache per consentire esperienze semi-immersive di Realtà Virtuale, come il consumo di contenuti multimediali o videogiochi.

Questi dispositivi avranno la possibilità di scattare fotografie o girare video; nelle loro prime versioni saranno una sorta di appendice dello smartphone, a cui delegheranno gran parte dell'elaborazione e della memorizzazione, mentre nelle versioni successive aumenterà il loro grado di autonomia e saranno in grado di effettuare direttamente elaborazioni complesse.

Si potranno comandare grazie ad appositi gesti, con lo sguardo oppure con la voce. Questo livello di interazione ci consentirà di attivare e gestire le funzionalità presenti a bordo del dispositivo, funzionalità che in futuro potranno essere estese grazie ad applicazioni scaricabili da appositi store, seguendo il modello a cui gli smartphone ci hanno ormai abituati.

Di particolare interesse sarà l'interazione vocale, una funzionalità di ordine superiore rispetto a quella a cui siamo abituati, in grado di comprendere bene cosa chiediamo, di tenere in considerazione il contesto e di eseguire compiti complessi e articolati in modo sempre più preciso. Questi dispositivi saranno disponibili con lenti neutre o graduate, in modo da essere utilizzabili dal maggior numero di persone possibile.

Gli ambiti di applicazione sono moltissimi, dal mondo business a quello della formazione, dall'utilizzo ludico a quello social, fino a vere e proprie applicazioni in grado di salvare la vita all'utilizzatore.

L'esperienza più comune consisterà nell'avere sempre a disposizione nel campo visivo alcuni strati informativi di interesse, come il navigatore se ci stiamo muovendo in una zona che non conosciamo o le tipologie di negozi se stiamo facendo shopping. Questo introdurrà ulteriori modelli di business per le aziende, come la possibilità di offrire offerte speciali che potranno comparire direttamente nel campo visivo del potenziale acquirente che si trova in zona.

Nelle zone turistiche o nei musei saremo in grado di accedere a informazioni sui monumenti intorno a noi o sui quadri che stiamo guardando e non dovremo fare altro che guardarli avendo attivato lo strato informativo desiderato o l'apposita app del museo. All'esperienza turistica si potrà accedere anche da remoto, visitando in modalità virtuale alcuni luoghi, un po' per vederli in anteprima e decidere quali andare a visitare fisicamente, un po' per togliersi la curiosità di vedere come sono fatti i luoghi che per vari motivi sono inaccessibili, come, per esempio, un'esplorazione immersiva della Luna o di Marte a bordo di uno dei rover.

Potremo fare acquisti direttamente dal nostro soggiorno muovendoci all'interno di negozi fisici virtualizzati o di negozi che in realtà non esistono fisicamente, ma nei quali potremo trovare i prodotti che ci servono, vedere come funzionano gli articoli che ci interessano, provare l'abbigliamento che ci piace direttamente all'interno della piattaforma ed effettuare gli acquisti pagando unicamente con la nostra biometria.

Anche il mondo del lavoro sarà impattato da questa rivoluzione. Se oggi siamo scontenti del livello di interazione che si può ottenere in una riunione in videoconferenza, domani potremo partecipare a riunioni di lavoro in luoghi virtuali, avendo accanto a noi le proiezioni dei nostri colleghi, tutti intorno allo stesso tavolo o allo stesso progetto, ma restando in realtà ciascuno nel suo ambiente fisico. Questa modalità migliorerà notevolmente la produttività dello smart working, abilitando modelli comportamentali tradizionali anche in ambienti completamente virtualizzati.

Questa modalità potrà essere utilizzata anche per effettuare formazione remota all'interno di un'aula virtuale o per consentire l'assistenza remota da parte di un collega esperto a un collaboratore sul campo, in modo da ottimizzare tempo e risorse rendendo chi è sul campo in grado di operare con l'aiuto e la supervisione diretta di chi ha la competenza ma si trova invece dall'altra parte del mondo.

Siamo di fronte a una rivoluzione epocale che introdurrà nuovi modelli comportamentali che oggi ci sembrano strani, come in passato ci sarebbero sembrati strani molti dei nostri comportamenti di oggi. In treno o in coda al supermercato siamo abituati a vedere persone perse nel loro smartphone a leggere, giocare, curiosare sui social o accedere a contenuti multimediali. Lo stesso modello comportamentale si sposterà sugli smart glasses, con la differenza che non avremo più bisogno di avere lo schermo dello smartphone davanti agli occhi perché davanti agli occhi avremo costantemente lo schermo degli occhiali.

Sarà assolutamente necessario fare in modo che questi modelli di interazione non si trasformino in disturbi comportamentali e che le applicazioni presenti su questi dispositivi non siano studiate per causare dipendenza, ma per fornire servizi utili agli utenti. Allo stesso modo sarà importantissimo proteggere gli stessi utenti dall'abuso che sarà possibile fare dei loro dati.

Ci aspetta un grande cambiamento nei comportamenti delle persone, dobbiamo fare tutto il necessario per godere dei vantaggi di questa trasformazione e per mitigare il più possibile i suoi rischi.

Nota di ripubblicazione

A distanza di tre anni dalla pubblicazione possiamo, dire che la Extended Reality è diventata una delle tecnologie chiave dell'ecosistema del metaverso, non per come è stato presentato da Meta, ma per come in effetti sarà.
La dimensione globale del mercato era valutata in 92,88 miliardi di dollari nel 2022 e si prevede[28] che crescerà a 1.134,79 miliardi di dollari entro il 2030, con enormi investimenti in piattaforme software, dispositivi hardware e servizi correlati.

---

[28] https://www.globenewswire.com/news-release/2023/08/31/2735115/0/en/Extended-Reality-Market-Size-to-Surpass-USD-1-134-79-Billion-by-2030-exhibiting-a-CAGR-of-36-0.html

QUATTRO PASSI VERSO
L'ESSERE UMANO AUMENTATO

In origine pubblicato su La Repubblica 1° giugno 2021[29]

Nel corso della sua storia l'essere umano ha sempre cercato di migliorare la propria condizione fisica, le proprie prestazioni, le proprie capacità e contemporaneamente ha sempre cercato soluzioni per mitigare le proprie debolezze o disabilità.

In un certo senso ha sempre cercato di "aumentare" sé stesso dal punto di vista della forza fisica, della acutezza dei sensi e anche della conoscenza.

In questo lungo percorso ha sempre utilizzato le tecnologie che il suo periodo storico era in grado di mettergli a disposizione: ha imparato per esempio a costruire macchine in grado di svolgere al suo posto alcuni compiti faticosi o pericolosi e ha iniziato a dotarsi di dispositivi che lo aiutassero a superare alcune delle sue debolezze. Gli occhiali che molti di noi indossano sono un ottimo esempio di dispositivo nato per superare o mitigare una disabilità e che nel giro di qualche decennio è diventato di uso comune trasformandosi in accessorio estetico e di moda.

Fa parte quindi dell'indole umana il tentativo di potenziare e migliore se stessi, il proprio fisico, le proprie capacità, e anche la propria conoscenza.

Se applichiamo questo principio alle tecnologie abilitanti che oggi abbiamo a disposizione, e alle tecnologie emergenti che ci aspettiamo possano essere disponibili nei prossimi anni e che ci consentiranno di realizzare nuovi prodotti, servizi e piattaforme digitali, ecco che possiamo intuire quali saranno le nuove modalità con cui l'essere umano proverà ad

---

[29] https://www.repubblica.it/tecnologia/blog/futuri-possibili/2021/06/01/news/quattro_passi_verso_l_essere_umano_aumentato-303734620/

aumentare se stesso e che oggi costituiscono un vero e proprio campo di ricerca internazionale che va sotto il nome di Human Augmentation e che si articola secondo tre direttrici principali.

La prima direttrice è caratterizzata dalla futura presenza massiccia sul mercato di una nuova generazione di dispositivi: gli smart glasses. In passato abbiamo già visto qualche prototipo di questa classe di dispositivi e oggi iniziano a esserci alcuni prodotti sul mercato, ma si tratta di soluzioni ancora poco mature dal punto di vista tecnologico e ancora prive di un vero e proprio ecosistema di contenuti e servizi. Manca la cosiddetta "killer application", ma manca anche la tecnologia a supporto in termini di potenza computazionale, di risoluzione della componente schermo e di autonomia delle batterie; tuttavia, queste limitazioni tecnologiche verranno presto superate e questa nuova classe di dispositivi diventerà estremamente diffusa.

Gli smart glasses saranno occhiali intelligenti in grado di migliorare sensibilmente la nostra interazione con la realtà e saranno in grado di farci provare totalmente l'esperienza di quella che viene chiamata Extended Reality, cioè l'unione di diversi paradigmi di interazione con la realtà come realtà virtuale, realtà aumentata e realtà mista.

Con questi strumenti saremo in grado di accedere a nuove tipologie di contenuti di intrattenimento, come video games completamente immersivi, concerti che potremo vivere stando virtualmente sul palco con la band, visite virtuali a musei o a destinazioni turistiche.

Nella vita di tutti i giorni questi occhiali aggiungeranno degli strati di informazioni a quello che vediamo, permettendoci per esempio di avere le indicazioni stradali direttamente nel nostro campo visivo, o di accedere automaticamente a informazioni sul luogo che stiamo visitando, un'opera d'arte che stiamo guardando in un museo, una persona con cui stiamo parlando, oppure le recensioni del ristorante che abbiamo di fronte, senza dover fare nient'altro che guardarlo.

Ci sarà molto lavoro da fare per i fornitori di contenuti, servizi e applicazioni che si troveranno un canale completamente nuovo da utilizzare ed è pensabile che questo canale possa diventare in tempi rapidi il canale prioritario. Si potrebbe passare quindi dal "mobile first" al "glasses first".

Sarebbe davvero un cambio di prospettiva interessante.

La seconda direttrice sarà costituita dalla grande famiglia degli oggetti indossabili, i cosiddetti dispositivi "wearable".

Tra i "wearable", oltre agli smart glasses di cui abbiamo già parlato, troveremo sempre più spesso anche orologi, bracciali, anelli o sensori di varia natura vicinissimi al nostro corpo e che avranno, tra gli altri, l'obiettivo di raccogliere dati sulla nostra salute: dal semplice battito cardiaco all'elettrocardiogramma fino alla misurazione della percentuale di ossigeno nel sangue, la quantità e la tipologia di movimento che facciamo, l'idratazione e perfino la quantità e qualità del nostro sonno.

Tutti questi dati costituiranno un'enorme base di conoscenza che potrà essere fornita al nostro medico per il monitoraggio della nostra salute, ma potrà anche diventare parte di un più ampio ecosistema di conoscenza composto da dati di tutta la popolazione e che, nel rispetto completo della privacy, potrà essere messo a disposizione di algoritmi di intelligenza artificiale in grado di trovare nuove correlazioni tra dati e patologie e quindi dare un contributo più ampio alla ricerca medica.

Come ulteriore evoluzione avremo in futuro chip direttamente connessi al nostro corpo o al nostro cervello, ci sono già alcune sperimentazioni in corso e l'obiettivo finale è consentire all'essere umano di comunicare con una macchina utilizzando semplicemente il pensiero. Sembra fantascienza, ma ci stiamo arrivando.

La terza direttrice sarà rappresentata dal completo cambio di paradigma nella relazione tra persone e macchine e sarà abilitata dall'incredibile aumento della qualità dell'interazione vocale.

Oggi siamo abituati ad assistenti vocali che comprendono poco quello che diciamo e quindi sono limitati a compiti banali e ripetitivi, ma in futuro il livello di interazione diverrà in breve tempo paragonabile a quello che abbiamo tra esseri umani, perché al miglioramento della componente di riconoscimento del linguaggio naturale si aggiungerà una completa comprensione del contesto e soprattutto la capacità di trasformare frasi lunghe e complesse in sequenze operative di comandi da mettere nel giusto ordine e da indirizzare verso i fornitori di servizi esterni che saranno parte dell'ecosistema.

Chi fornisce servizi dovrà quindi occuparsi anche di renderli interoperabili e integrati all'interno di quell'ecosistema, in modo che possano essere utilizzati non più soltanto dall'azione diretta dell'essere umano, ma anche e soprattutto in modalità "machine to machine", cioè direttamente da altre macchine che in modo totalmente automatico potranno comunicare tra loro e svolgere compiti per noi.

La quarta direttrice sarà costituita dall'utilizzo sempre più "invasivo" (in un certo senso) della Stampa 3D.

Oggi siamo abituati a pensare alla Stampa 3D come una tecnologia dedicata ad applicazioni industriali, a prototipazione oppure alla produzione di piccoli oggetti da realizzare in casa con le stampanti personali.

In realtà con la Stampa 3D sarà possibile realizzare protesi per persone amputate, con processi di progettazione e produzione estremamente semplificati rispetto alle tecnologie attuali e di conseguenza a costi molto più bassi e accessibili.

Con tecnologie simili alla Stampa 3D, inoltre, si stanno già sperimentando soluzioni per la produzione di tessuti umani semplici, come per esempio la pelle, ma anche di organi umani di complessità superiore e addirittura ci sono degli studi sulla possibilità di stampare in 3D del tessuto "battente", cioè che si comporta, se sottoposto alle giuste condizioni, come il tessuto del muscolo cardiaco.

Con le stesse metodologie sarà possibile mescolare tessuti biologici e componenti meccanici, robotici o elettronici, con il risultato di poter stampare in 3D organi potenziati, arti che potranno recuperare le loro funzionalità e addirittura componenti corporei ad oggi inimmaginabili, a basso rischio di rigetto e dall'altissimo potenziale.

Su questo fronte ci aspettano enormi evoluzioni in futuro, a tutto vantaggio della salute delle persone e della qualità della nostra vita.

Le tecnologie abilitanti ed emergenti svolgeranno quindi un ruolo fondamentale per realizzare soluzioni tecnologiche in grado di aumentare le potenzialità dell'essere umano.

Un ruolo fondamentale ce l'avranno anche, naturalmente, tutti quei professionisti e quelle aziende capaci non soltanto di realizzare ottime soluzioni e piattaforme digitali, ma anche e soprattutto di innovare il modello stesso, inventando nuovi modi per migliorare la vita delle persone, aiutandole a superare i loro limiti e migliorando le loro capacità.

In tutto questo straordinario percorso la tecnologia è nostra amica, sta a noi sfruttarla al meglio per il bene dell'umanità.

Nota di ripubblicazione

Il mercato della Human Augmentation sta vivendo una crescita significativa a causa della crescita esponenziale delle tecnologie coinvolte e a causa degli innumerevoli ambiti di applicazione.

Si prevede[30] che il mercato globale passerà da 143,05 miliardi di dollari nel 2022 a 645,93 miliardi di dollari entro il 2030.

---

[30] https://www.fortunebusinessinsights.com/human-augmentation-market-107046

LA NECESSITÀ DI EQUILIBRIO NEL RICONOSCIMENTO FACCIALE

Inizialmente pubblicato su La Repubblica il 25 luglio 2021[31]

Nel mondo in cui viviamo siamo circondati da sensori in grado di rilevare i nostri movimenti, la nostra posizione geografica, alcuni nostri parametri vitali e da queste informazioni ricavare dati relativi ai nostri comportamenti, alla nostra propensione all'acquisto di certi prodotti, al nostro stato di salute.

In alcuni casi siamo noi stessi a volere che questi dati vengano rilevati, perché, per esempio, ci serve conoscere la nostra posizione geografica per farla usare a qualche app sul nostro smartphone, oppure ci è utile che un dispositivo indossabile tenga sotto controllo il nostro battito cardiaco durante una sessione di allenamento.

In altri casi, invece, siamo portati a cedere alcuni nostri dati in cambio dell'accesso a servizi che percepiamo come gratuiti, ma che in realtà utilizzano quei dati per creare un nostro profilo commerciale e indirizzarci pubblicità a noi più adatta e quindi con una maggiore possibilità che si converta in futuro in un acquisto del prodotto o del servizio che viene pubblicizzato. È il caso dei social network e di molti servizi che non paghiamo direttamente con la nostra carta di credito, ma che in realtà nutriamo consentendo loro di tracciare e analizzare la nostra navigazione sulla rete per scopi commerciali.

Esiste però una terza via che è totalmente fuori dal nostro controllo: è quella situazione che potremmo subire quando alcuni dispositivi gestiti da altri, tendenzialmente le telecamere, totalmente a nostra insaputa cerchino di riconoscerci, di analizzare il nostro comportamento e di trarre conclusioni sulle nostre azioni o sulle nostre potenziali intenzioni, associando tutte queste

---

[31] https://www.repubblica.it/tecnologia/blog/futuri-possibili/2021/07/25/news/la_necessita_di_equilibrio_nel_riconoscimento_facciale-311725706/

informazioni alle immagini del nostro volto, e quindi potenzialmente alla nostra identità, e memorizzando il tutto all'interno di un profilo comportamentale ben più esteso e complesso di quello che solitamente concediamo ai social network.

Si tratta di un utilizzo disinvolto di algoritmi di intelligenza artificiale e machine learning che solitamente vengono utilizzati come strumento di autenticazione biometrica, per esempio per sbloccare il nostro smartphone, per consentirci di entrare in zone ad accesso controllato o per autorizzare un pagamento online. In questi casi ci troviamo di fronte a utilizzi perfettamente leciti e, soprattutto, nella totale disponibilità dell'utente. Quando questo avviene, invece, a sua insaputa o senza che egli sia completamente consapevole di quel che accade, le cose possono essere molto più complesse e, in certi contesti, anche molto pericolose.

Per comprendere meglio la differenza proviamo a pensare alle telecamere di sicurezza usate in un centro commerciale. Se l'obiettivo è rilevare, anche in modo automatico, alcuni comportamenti sospetti e segnalarli al personale della sicurezza perché vada a verificare che tutto sia in regola, allora non ci sono particolari problemi perché non c'è alcuna identificazione personale.

Se invece si memorizzano in una base dati tutti i volti di chi in precedenza ha tentato di rubare in quel centro commerciale e si tenta di riconoscere quel volto tra le persone in ingresso in modo da non consentirne l'accesso, allora la cosa può essere molto più spinosa. In primo luogo, perché gli algoritmi non sono perfetti e potrebbero identificare come "ladro" una persona che semplicemente assomigli ad un qualunque volto presente nella base di conoscenza, oppure potrebbero impedire l'accesso a chi ha effettivamente commesso un furto in passato, ma che ha pagato il suo debito con la giustizia.

Ampliando ulteriormente lo scenario proviamo a pensare a questi strumenti quando fossero utilizzati per il controllo della popolazione. Con queste tecnologie un qualunque governo potrebbe decidere di analizzare i filmati delle telecamere di sicurezza di una città, arrivando a conoscere nei dettagli i comportamenti e i movimenti di buona parte della popolazione e avendo a disposizione in tempo reale la lista di tutti i partecipanti a una certa manifestazione di protesta o la frequentazione di persone con un certo orientamento politico. Andando oltre si potrebbero realizzare (e in alcuni casi è stato fatto) algoritmi in grado di riconoscere individui appartenenti a determinate etnie o minoranze, con l'obiettivo di effettuare controlli più severi o impedirne l'accesso a determinati luoghi, il tutto su base etnica.

Si tratta, tuttavia, di tecnologie che possono avere utilizzi nobili e utilissimi per la collettività, si pensi per esempio alla possibilità di individuare automaticamente le persone scomparse o di aiutare i medici a identificare precocemente alcune malattie rare.

Non vanno quindi demonizzate per il solo fatto di avere le potenzialità di essere usate in modo dannoso, perché in caso contrario lo stesso ragionamento potrebbe essere fatto per qualunque altra tecnologia, a cominciare dal martello che abbiamo nella cassetta degli attrezzi.

Quello che serve è la consapevolezza, da parte del legislatore, delle potenzialità e dei rischi insiti nell'utilizzo di queste tecnologie e un equilibrio nel decidere quali campi di applicazione siano eticamente accettabili e quali, al contrario, siano da considerare non ammissibili.

Come spesso accade il problema non è tecnologico, ma legato all'impatto che una certa tecnologia può generare sul mondo che ci circonda.

Nota di ripubblicazione

Il riconoscimento facciale sta diventando sempre più uno strumento che, se ben utilizzato, potrà portare innumerevoli vantaggi. Per esempio, viene ormai utilizzato spesso come strumento di autenticazione e autorizzazione, non soltanto su piattaforme digitali, ma anche in aree fisiche sensibili in cui sia necessario monitorare in modo stretto gli accessi.

Le cose iniziano a essere più complicate quando il riconoscimento viene effettuato con l'obiettivo di effettuare analisi dei comportamenti in un punto vendita o per inviare pubblicità mirata.

Infine, può essere utilizzato anche come strumento di sorveglianza, con tutti i rischi che questo comporta.

Da un lato ci sono aziende in grado di mettere sul mercato piattaforme molto avanzate di riconoscimento, dall'altro ci sono paesi che sono tentati di utilizzarle per aumentare la sicurezza (indebolendo la libertà dei cittadini), ma per fortuna, almeno a livello europeo, c'è molta attenzione a questi temi e c'è il GDPR che impedisce comportamenti discutibili o pericolosi per la popolazione.

DI CRIPTOVALUTE, LIBERTÀ E DEMOCRAZIA

In origine pubblicato su La Stampa l'8 settembre 2021[32]

Le criptovalute vengono solitamente criticate per alcuni loro aspetti controversi: per il fatto che vengono scambiate con enormi fluttuazioni rispetto alle valute tradizionali, e questo le rende un ottimo strumento nelle mani degli speculatori, per il fatto che spesso consumano tantissima energia e perché vengono abitualmente associate a scambi anonimi di denaro, il che le rende una buona opzione per alcune tipologie di criminalità, soprattutto quelle di tipo informatico.

Proviamo per esempio a pensare a Bitcoin: sappiamo che l'infrastruttura tecnologica che lo sostiene, la Blockchain, consuma moltissima energia elettrica, tanto che, secondo alcune stime[33], se fosse un paese del mondo si collocherebbe al ventisettesimo posto nella classifica di quelli che consumano di più, posizionandosi tra la Ucraina e Malesia. Proviamo a pensarci un attimo: una criptovaluta la cui infrastruttura tecnologica consuma quanto un'intera nazione, sicuramente una questione su cui riflettere.

Approfondendo il tema, d'altro canto, si scoprirebbe che moltissima dell'energia impiegata proviene da fonti rinnovabili e che in molti casi non potrebbe essere impiegata diversamente. Inoltre, anche la gestione a livello planetario delle valute tradizionali e le infrastrutture di pagamenti e regolamenti finanziari nel mondo consumano una quantità di energia enorme.

---

[32] https://www.lastampa.it/tecnologia/blog/futuri-possibili/2021/09/08/news/criptovalute_liberta_e_democrazia-316944573/

[33] https://digiconomist.net/bitcoin-energy-consumption

Insomma, la questione di "quanta energia consumano le criptovalute" è complessa e non deve farci cadere nella tentazione di semplificare il ragionamento dietro un semplice "consumano troppo".

Anche i pregiudizi legati alla "valuta preferita dalla criminalità" andrebbero fortemente ridimensionati, oggi la gran parte degli scambi economici della malavita avviene utilizzando valige e buste cariche di denaro contante oppure, più facilmente, attraverso transazioni elettroniche in valuta tradizionale su conti anonimi e cifrati tra paesi che sono molto bravi a mantenere la riservatezza dei clienti delle proprie banche.

Contrariamente a quello che spesso si è portati a pensare, infatti, solitamente le criptovalute non sono anonime, anche se potrebbe essere difficile risalire all'identità di chi sia in possesso delle chiavi per utilizzare un certo indirizzo e quindi abbia nella pratica la disponibilità del valore che esso contiene. Tra l'altro tutte le transazioni sono pubbliche, quindi è sempre possibile determinare come si muovono le quantità di valore che vengono scambiate da un certo insieme di indirizzi sulle varie Blockchain. A ulteriore dimostrazione di quanto poco anonime siano queste architetture, basti ricordare che gli autori del famoso attacco[34] a Twitter del luglio 2020, che aveva come obiettivo una truffa in Bitcoin, sono stati tutti rintracciati e arrestati proprio analizzando i movimenti dei Bitcoin che avevano ottenuto illegalmente.

Esistono, è vero, criptovalute pensate esplicitamente per migliorare la privacy degli utilizzatori, come Monero e Zcash, ma al momento hanno volumi di scambio che, se confrontati con le altre criptovalute più diffuse, sono trascurabili.

Il fatto che molte criptovalute costituiscano oggi degli ottimi strumenti speculativi dipende dalla loro elevatissima volatilità. Bitcoin, per esempio, ha una volatilità obiettivamente non comune se la si confronta con quella di altri asset tipici su cui fare investimenti. Nonostante Bitcoin sia nativamente dotato di caratteristiche deflattive, il che significa che è normale che il suo valore tenda ad aumentare nel tempo a causa della sua scarsità, esso non è stato inizialmente concepito per essere propriamente un asset di investimento, ma una riserva di valore eventualmente da scambiare come se fosse una valuta, quindi le ampie oscillazioni a cui è soggetto il valore di Bitcoin sono in realtà l'effetto delle azioni speculative su di esso, non la sua causa.

---

[34] https://it.wikipedia.org/wiki/Attacco_informatico_a_Twitter_del_15_luglio_2020

Il punto è che Bitcoin, come altre criptovalute, nasce con l'obiettivo di rendere diretto, e quindi non intermediato da enti terzi, lo scambio di valore tra le persone, tagliando fuori dal gioco tutti quegli attori che oggi hanno il ruolo di intermediari, come il sistema bancario e tutte le entità in grado di influenzare e controllare gli intermediari stessi, come le banche centrali o i governi dei singoli paesi.

Oggi qualunque scambio di valore tra due persone può avvenire fondamentalmente in due modi: in denaro contante, la cui produzione e gestione è esclusivamente sotto il controllo delle banche centrali dei vari paesi del mondo, oppure in formato elettronico, passando quindi dagli stessi sistemi bancari o dai circuiti che producono le carte di pagamento. Per qualunque transazione è quindi necessario, sempre e in ogni condizione, passare attraverso un intermediario e questo intermediario è sempre sotto il diretto controllo del paese in cui si vive.

Questo significa che se il governo di quel paese ha una politica economica che causa inflazione altissima togliendo il potere d'acquisto alla valuta tradizionale, chi la usa non ha alcun modo per impedire che questo accada.

Allo stesso modo, se un paese decide di bloccare tutti i movimenti sui conti correnti bancari, di impedire i prelievi spegnendo i bancomat e di togliere all'intera popolazione la disponibilità alle sue risorse economiche personali, chi vivrà in quel paese non potrà che prenderne atto e tornare all'economia del baratto.

Possono sembrare due esempi al limite della fantascienza, ma in realtà si tratta di cose che accadono ai giorni nostri.

Nel 2018 il Fondo Monetario Internazionale aveva stimato che l'inflazione in Venezuela era arrivata a 1.000.000% (un milione percento), cioè il potere di acquisto si era ridotto in un anno di diecimila volte. È come se un impiegato che a gennaio guadagna 1.500 euro si trovasse a dicembre sempre con quei 1.500 euro, ma che il reale potere d'acquisto fosse quello di 15 centesimi di euro di gennaio.

Questo ha spinto molti cittadini venezuelani a proteggere i loro risparmi, e a distaccarsi dalle politiche economiche del loro paese, convertendo i loro risparmi in criptovalute.

Nell'Agosto 2021, a seguito della presa di Kabul da parte dei Talebani, moltissimi cittadini afgani hanno cercato di ritirare i loro risparmi dai conti correnti bancari. In alcuni casi per tentare una fuga, in altri casi per tentare di mettere al sicuro la ricchezza di loro proprietà. Come risposta a questa situazione il nuovo governo afgano ha deliberato il blocco di qualunque movimento bancario e quindi l'impossibilità per i cittadini di prelevare il proprio denaro.

Anche in questo caso sono stati enormemente avvantaggiati nella loro fuga non quelli che avevano con loro il denaro contante, che può essere facilmente rubato, ma soprattutto quelli che avevano depositato tutta la loro ricchezza in criptovalute, memorizzando le chiavi di accesso che in futuro potranno consentire loro di accedere nuovamente, da qualunque computer e da qualunque parte del mondo, all'intero ammontare della loro ricchezza, tanta o poca che sia.

Ecco quindi che quando si parla di criptovalute bisogna considerare tutte le loro caratteristiche, e dare maggiore rilevanza a quelle che noi, occidentali del primo mondo, diamo un po' troppo per scontate e che hanno a che fare con i concetti fondamentali di libertà e democrazia.

Nota di ripubblicazione

A due anni dalla pubblicazione, il mondo delle criptovalute è sempre in grande fermento, e questo è indipendente dal valore di Bitcoin espresso in euro o USD.

Queste tecnologie stanno facilitando nuove forme di servizi finanziari, come i finanziamenti decentralizzati (DeFi) o la tokenizzazione di asset.

Allo stesso modo grazie a queste tecnologie, anche le persone che normalmente non avrebbero la possibilità di aprire un conto corrente bancario, possono aprirsi un portafoglio cripto e utilizzarlo per ricevere e inviare denaro. Tutto questo in modo più sicuro e trasparente di quanto non possano garantire i circuiti di scambio internazionali.

In questo scenario, tuttavia, bisogna stare molto attenti alle truffe e alla possibilità che le piattaforme utilizzate abbiano problemi di liquidità. La scelta più sicura è sempre quella di gestire direttamente le proprie criptovalute, ma questo inevitabilmente alza il livello di complessità per gli utenti tradizionali. Questo è decisamente uno dei campi in cui è consigliabile non smettere mai di studiare.

UN SOCIAL DIVERSO È POSSIBILE

In origine pubblicato su Agendadigitale.eu il 20 settembre 2021[35]

Il concetto di "Metaverso"

In una recente intervista[36] su The Verge, Mark Zuckerberg ha provato a descrivere la sua visione per il futuro di Facebook e per fare questo ha preso in prestito il concetto di "metaverso".

Il "metaverso", termine coniato dall'autore di fantascienza Neal Stephenson, nella visione di Zuckerberg è un'estensione della realtà ottenuta tramite l'applicazione di tecnologie come la realtà virtuale e la realtà aumentata, in cui le persone vivono esperienze più o meno immersive all'interno di mondi virtuali, incontrano altre persone e accedono a nuovi contenuti e servizi.

Per Facebook si tratta di una evoluzione piuttosto naturale per uscire dalla tradizionale comunicazione basata su contenuti testuali, immagini e video e, se la tecnologia sarà sufficientemente pronta, potremo presto sperimentare queste nuove modalità di interazione all'interno del metaverso di Facebook.

C'è da dire, tuttavia, che l'applicazione di nuove tecnologie a modelli relazionali che, negli anni, hanno dimostrato molte opportunità, ma anche molte debolezze, non può sfortunatamente consentire di superare queste ultime, a meno di non partire da un profondo ripensamento dei modelli relazionali stessi e dei modelli di business che si occupano di renderli economicamente sostenibili.

---

[35] https://www.agendadigitale.eu/cultura-digitale/un-social-diverso-e-possibile-ecco-come-creare-piattaforme-che-non-lucrano-sui-nostri-dati/

[36] https://www.theverge.com/22588022/mark-zuckerberg-facebook-ceo-metaverse-interview

È necessario quindi fare un passo di lato, osservare il mondo dei social network dall'esterno e, di conseguenza, provare a ipotizzare quali caratteristiche potrebbe avere una piattaforma di socializzazione e networking in grado di superare le debolezze e le limitazioni che, sfortunatamente, oggi affliggono la stragrande maggioranza delle piattaforme esistenti.

Piattaforme non gratuite

Siamo abituati a pensare che i social network siano gratuiti. Non è vero. Quello che realmente accade è che l'utilizzo di questi servizi viene pagato con la cessione dei nostri dati personali e comportamentali. Tutto quello che scriviamo, i commenti che inseriamo, i "like" o le varie reazioni che utilizziamo sui contenuti degli altri, la nostra rete di contatti, i gruppi che frequentiamo e molte della attività che tradizionalmente compiamo sui social network producono dati. Questi dati consentono alle piattaforme di costruire veri e propri profili commerciali a cui poi inviare messaggi pubblicitari mirati nella speranza che questi si convertano poi in acquisti reali di prodotti o servizi.

I dati degli utenti hanno quindi un valore, ma quanto?

Se volessimo provare a fare una quantificazione potremmo usare i dati presenti nel report[37] che Facebook ha prodotto e che contiene i risultati economici del 2020: Facebook nel 2020 ha registrato ricavi per 84 miliardi di dollari, in aumento del 21% sul 2019, e utili per 32,2 miliardi. Avendo Facebook 1,84 miliardi di utenti attivi giornalieri, si può dire, per semplificazione, che ogni utente di Facebook ha contribuito nel 2020, attraverso i suoi dati personali e comportamentali, per circa 46 dollari ai ricavi della piattaforma.

Il business model di queste piattaforme non è quindi basato sull'offrire la migliore esperienza per l'utente, ma sull'ottimizzare al massimo la raccolta dei dati comportamentali al fine di poter vendere pubblicità mirata. Questo introduce un conflitto di interessi intrinseco nella piattaforma: la quantità di relazioni e di interazioni è molto più importante della loro qualità, e questo, ovviamente, avviene a discapito dell'esperienza dell'utente finale che riceve un servizio, pagandolo con i propri dati, ma tale servizio non è studiato per essere il migliore per l'utente, ma per essere più efficiente nella raccolta dei dati e nella loro conversione in valore.

---

[37] investor.fb.com/investor-news/press-release-details/2021/Facebook-Reports-Fourth-Quarter-and-Full-Year-2020-Results/default.aspx

Questo si traduce nella presenza di profili falsi, nella proliferazione delle fake news, nei follower che vengono comprati, nella presenza di attività illegali e nella possibilità, da parte di paesi stranieri, di tentare di influenzare le elezioni politiche.

C'è quindi uno spazio per una nuova famiglia di piattaforme, totalmente rispettose dei dati comportamentali degli utenti, che non li utilizzino in alcun modo e che, per garantire la disponibilità dei servizi, si facciano pagare dagli utenti, abilitando quindi una convergenza di obiettivi per cui, a prezzi maggiori, corrispondano servizi di qualità migliore.

Una piattaforma di social networking deve vendere, attraverso i suoi servizi, la digitalizzazione delle relazioni sociali, non spazi pubblicitari.

Solo utenti la cui identità sia verificata

Una delle piaghe dei social network attuali è la presenza massiccia di profili falsi. A volte vengono creati per essere venduti come follower, talvolta sono vere e proprie macchine semi-automatiche di propaganda politica o di distribuzione di fake news, altre volte ancora sono profili secondari o anonimi utilizzati per attività di bullismo, intimidazione o vera e propria violenza psicologica che purtroppo, talvolta, si trasforma in violenza fisica.

Ecco, quindi, la necessità di ricorrere a identità certificate e profili verificati. Chi vorrà partecipare a questi social network dovrà provare la propria identità e presentarsi con il proprio nome e cognome, in nome della trasparenza e delle corrette relazioni sociali.

Attenzione però a non confondere la necessità per la piattaforma di verificare l'identità degli utenti, che è una scelta commerciale basata sulla necessità di garantire un servizio migliore agli utenti, con un'eventuale obbligatorietà normativa che obblighi tutte le piattaforme social ad operare in tal senso. Mentre il primo caso è assolutamente legittimo, al netto del corretto trattamento dei dati degli utenti da parte delle aziende, il secondo caso rappresenterebbe una forzatura inaccettabile in qualunque paese democratico.

Molto semplicemente: chi vorrà usare piattaforme anonime potrà continuare a farlo.

I profili verificati e le identità certificate garantiranno l'impossibilità di costruire profili falsi e bot che, oltre ad avvelenare molte delle conversazioni che avvengono oggi sui social network, in molti casi contribuiscono alla diffusione di notizie false e si comportano come megafono della propaganda.

Come effetto collaterale svanirà il mercato dei follower e di conseguenza anche il fenomeno dei finti influencer.

Modello di funzionamento

Il concetto di "amicizia sui social" sparirà e non ne sentiremo la mancanza. Il modello di funzionamento che prenderà il sopravvento sarà quello del "following", cioè il seguire i contenuti delle persone che si ritengono meritevoli di essere seguite, senza per questo innescare meccanismi di reciprocità che non necessariamente devono avere un senso.

Già oggi le piattaforme che sono basate sul concetto di "amicizia" in realtà consentono anche di seguire persone al di fuori della propria rete, questo meccanismo diverrà lo standard.

Ognuno potrà decidere di avere un profilo pubblico, cioè che tutti potranno seguire, oppure un profilo privato, in questo caso sarà lui stesso a decidere quali richieste accettare, un po' come oggi avviene su Twitter e Instagram. Allo stesso modo per ogni singolo contenuto si potrà decidere se renderlo pubblico, cioè accessibile a tutti indiscriminatamente, oppure se renderlo riservato ai propri follower, magari con opportune ulteriori limitazioni.

Con queste due dimensioni si potrà spaziare dall'avere la massima distribuzione dei propri contenuti, al poterli distribuire in modo granulare esclusivamente ad alcune persone selezionate, nella massima libertà e con la migliore flessibilità.

Chi potrebbe investire in queste nuove piattaforme?

Molti pensano che il mondo dei social network sia ormai saturo, in realtà di saturo c'è solo, per ora, il mondo delle piattaforme gratuite.

Passando invece a piattaforme a pagamento, completamente rispettose dei dati e dei comportamenti degli utenti e con funzionalità che privilegino la qualità delle conversazioni e la retribuzione dei creatori di contenuti, potrebbe aprirsi un nuovo tipo di mercato, soprattutto se queste piattaforme fossero inserite all'interno di ecosistemi già esistenti e potessero contribuire ad arricchirli.

Apple, per esempio, potrebbe realizzare una piattaforma di questo tipo e metterla a disposizione gratuitamente per un periodo limitato a chi acquista un suo nuovo dispositivo. La stessa Apple ha speso nel 2020 circa 3 miliardi di dollari in contenuti per la piattaforma Apple TV+ e nel 2021 si prevede che ne spenderà circa altri 6, il tutto per entrare in un mercato da molti giudicato saturo. Questo servizio viene usato da Apple anche come incentivo all'acquisto di nuovi dispositivi della casa di Cupertino che inizialmente concedeva 12 mesi di accesso gratuito, poi ridotti a 3, a chiunque avesse acquistato un nuovo smartphone, tablet o computer. Si potrebbe addirittura pensare a una piattaforma accessibile unicamente tramite dispositivi Apple, oppure a canoni differenziati in funzione del tipo di dispositivo con cui si accede alla piattaforma.

Anche Twitter potrebbe inserire seriamente dei servizi a pagamento per i propri utenti, obbligando alla verifica dell'account e consentendo di filtrare tutti i contenuti e tutte le interazioni unicamente tra altri profili verificati. In questo modo si otterrebbe un sottoinsieme del social network in cui tutti gli utenti siano verificati, senza account falsi, senza bot e in cui le conversazioni siano destinate a diventare qualitativamente più rilevanti.

In entrambi i casi queste aziende partirebbero da numeri elevati di utenti potenziali, cosa che in un social network è una caratteristica determinante.

La condivisione dei ricavi

La condivisione dei ricavi con i creatori di contenuti più prolifici, o la cui qualità venga considerata più alta, garantirebbe anche uno spostamento degli stessi sulle nuove piattaforme e, di conseguenza, attirerebbe anche l'iscrizione da parte di chi è solo fruitore e non necessariamente produttore.

All'interno di queste nuove piattaforme, anche grazie all'utilizzo di nuove modalità di interazione come la realtà virtuale, la realtà aumentata e le proiezioni olografiche, sarà possibile produrre ed erogare nuove tipologie di contenuti da fruire direttamente dentro la piattaforma. Pensiamo, per esempio, alla possibilità di vedere un film o una puntata di una serie TV con la compagnia virtuale di alcuni dei nostri amici, in modalità totalmente immersiva, stando virtualmente insieme ma fisicamente lontani.

La stessa cosa accadrà per i videogame e per gli eventi sportivi.

Queste nuove modalità di interazione costituiranno presto nuovi mercati e attiveranno nuove professioni e nuovi posti di lavoro.

Il nodo delle fake news

L'eliminazione di account falsi e bot consentirà di limitare moltissimo la diffusione di notizie false costruite ad arte per scopi politici o di disinformazione. Non bisogna dimenticare però che non sempre è semplice determinare cosa sia una notizia falsa e cosa non lo sia, soprattutto se questo compito è affidato a un algoritmo.

Probabilmente la migliore qualità delle conversazioni potrà tradursi anche in una maggiore attenzione ai contenuti che si condividono, ma è sicuro che chi vorrà parlare di terra piatta o di piramidi costruite dagli alieni potrà continuare a farlo.

I social network gratuiti oggi hanno raggiunto una situazione di stallo, la qualità delle conversazioni è sempre più scadente e le nuove funzionalità vengono sistematicamente copiate da una piattaforma all'altra.

Probabilmente un completo cambio di paradigma nel modello di business potrebbe fare la differenza tra piattaforme social antiquate e nuove piattaforme più innovative, pulite, trasparenti e attente alla privacy degli utenti.

Nota di ripubblicazione

A due anni dalla pubblicazione possiamo affermare che il concetto di "social gratuito" ha cominciato a scricchiolare.

X (il social un tempo conosciuto come Twitter) ha attivato nuovi servizi a pagamento e ha iniziato a concedere, sempre a pagamento, la verifica dell'identità.

Poco tempo dopo, anche Meta ha seguito la stessa identica strada e addirittura ha offerto una versione delle sue piattaforme a pagamento e senza pubblicità. I modelli di business del passato iniziano a non funzionare più, ma ancora non è chiaro che direzione potrebbero prendere in futuro.

LA ROBOTICA DOMESTICA CHE VERRÀ

In origine pubblicato su La Stampa il 30 settembre 2021[38]

Amazon ha recentemente presentato il suo nuovo robottino domestico, si chiama Astro[39] e costa circa 1000$.

Va in giro per la casa osservando quello che accade, reagisce ai comandi vocali ed esegue piccoli compiti, soprattutto di osservazione e controllo, ma può anche trasportare piccoli oggetti fino ad un massimo di due kg.

Non ha un vero e proprio braccio, quindi non può interagire fisicamente con l'ambiente circostante, ma ha numerose telecamere e una di queste è dotata di un braccetto telescopico che consente di cambiare il punto di osservazione.

In un certo senso è "simpatico", sul suo display touch da 10" vengono infatti mostrate delle forme che ricordano molto degli occhi umani stilizzati, in grado quindi di trasmettere un certo grado di emozione e innescare un minimo di empatia.

Piccoli dispositivi come questo rappresentano soltanto l'inizio della nuova era della robotica domestica, in cui ci si aspetta che nel prossimo futuro macchine di varie tipologie, anche antropomorfe, possano trovare progressivamente uno spazio nella nostra quotidianità, per aiutarci nella cura delle nostre case, delle nostre famiglie e di noi stessi.

A ben guardare nelle nostre case abbiamo già a disposizione un certo numero di macchine e robot, si va dalle lavatrici, alle lavastoviglie, ai frullatori, fino ad arrivare a quelli che sono chiamati, appunto, robot da cucina. Questi ultimi talvolta sono in effetti macchine a elevata complessità in grado di

---

[38] https://www.lastampa.it/tecnologia/blog/futuri-possibili/2021/09/30/news/la_robotica_domestica_che_verra_-320135494/

[39] https://www.amazon.com/Introducing-Amazon-Astro/dp/B078NSDFSB

svolgere, anche in autonomia, un gran numero di compiti e funzioni. Ed è proprio questo che si cerca, in termini generali, nella robotica: l'autonomia.

Abbiamo una lavastoviglie, ma in realtà vorremmo una macchina completamente in grado di sparecchiare la tavola, lavare tutte le stoviglie, riporle all'interno dei mobili e lasciare tutto pulito.

Abbiamo una lavatrice, ma in realtà vorremmo una macchina completamente automatica in grado di prelevare i panni sporchi, lavarli, asciugarli, stirarli e riporli negli armadi giusti, facendo attenzione anche a identificare correttamente i proprietari in modo da dare a ciascuno i suoi capi d'abbigliamento.

Abbiamo robot che aspirano in modo abbastanza accurato il pavimento, ma in realtà vorremmo macchine in grado di tenere pulita tutta la casa, compresi vetri, bagni, lampadari e l'interno dei mobili.

L'elevata complessità e varietà di questi compiti fa sì che sia davvero difficile costruire un robot in grado di occuparsene totalmente e in completa autonomia, ma questa è unicamente una questione tecnologica che sarà presto superata grazie all'aumento delle capacità delle singole tecnologie e all'aumento dell'impatto generato da queste tecnologie sulle nostre vite.

C'è quindi da aspettarsi, per il prossimo futuro, che vengano messe sul mercato macchine sempre più complesse e in grado di svolgere compiti sempre più difficili, non predeterminati e dipendenti dall'esperienza e dalle condizioni al contorno. Si tratterà di macchine dotate di una componente robotica molto sofisticata, in grado di muoversi liberamente nelle nostre abitazioni, anche se i locali si trovassero su piani diversi. Saranno in grado di svolgere i compiti a loro assegnati grazie all'utilizzo di connettività, sensoristica e intelligenza artificiale. È indubbio, infatti, che dovremo essere di fronte a macchine costantemente connesse, dotate di sensori sofisticati in grado di identificare correttamente gli oggetti su cui operare e con la capacità, fornita dagli algoritmi di intelligenza artificiale, di trattarli nel modo corretto, senza danneggiarli e senza fare del male agli esseri umani che dovessero incontrare nel loro muoversi per casa. La componente meccanica sarà ovviamente fondamentale per rendere queste macchine sufficientemente piccole, agili e poco costose, ma il vero valore aggiunto sarà dato dagli algoritmi di intelligenza artificiale che saranno in grado di riconoscere gli oggetti e di determinare quale sia, in quel preciso istante e in quelle precise condizioni, il modo migliore per trattarli.

Non sarà un passaggio facile, ci aspettano anni di tentativi, piatti rotti e bicchieri messi nei cassetti della biancheria, ma la strada è tracciata e l'idea di un robot generalista in grado di prendersi cura della nostra casa è qui per restare e la sua commercializzazione è solo questione di tempo. Inizialmente avremo macchine specializzate su singoli compiti verticali, ma con il tempo queste specializzazioni diventeranno sempre più sfumate e le nostre macchine domestiche inizieranno a saper fare sempre più cose, a svolgere sempre più compiti e sapranno farlo sempre meglio.

In alcuni casi saranno macchine antropomorfe e questo potrebbe generarci qualche problema di relazione, a volte potremmo perdere di vista il fatto di stare parlando con una macchina (seppure con una coscienza simulata) e questo potrebbe introdurre una nuova classe di problemi di ordine etico, sociale e di relazione.

Ma siamo solo all'inizio, la strada della robotica domestica è tracciata e, molto probabilmente, la nostra vita cambierà, di nuovo, in meglio.

Nota di ripubblicazione

A distanzia di due anni possiamo dire che la robotica domestica sta facendo passi da gigante.

Ormai abbiamo a disposizione macchine in grado di pulire i pavimenti e le finestre di casa, di aumentare la sicurezza e di aiutarci nella manutenzione.

Per ora sono prototipi specializzati, ma la tendenza è di arrivare presto a macchine di antropomorfe in grado di eseguire più compiti.

Il problema in questo momento è il costo, ma c'è da aspettarsi una riduzione nel prossimo futuro, insieme a un aumento delle capacità e della numerosità dei compiti che queste macchine saranno in grado di svolgere.

Pezzi di Futuro

COSA FAREMO CON IL 6G?

In origine pubblicato su Italian Tech il 23 novembre 2021[40]

Sul versante della connettività mobile siamo in un periodo di transizione, l'ormai consolidata tecnologia 4G (connettività di quarta generazione) sta lasciando il posto alla più moderna ed efficiente 5G (quinta generazione) i cui vantaggi non sono soltanto legati alla velocità di trasmissione dati, un elemento comunque non trascurabile, ma soprattutto alla minore latenza che è possibile ottenere con queste nuove tipologie di reti.

Queste caratteristiche saranno ulteriormente migliorate nelle future reti 6G (sesta generazione) di cui si stanno definendo gli standard.

Sul fronte della velocità il passaggio alle reti 5G e 6G ci consentirà di avere aumenti considerevoli rispetto alle attuali reti 4G. Si passerà dagli attuali 150 Mbps (Megabit per secondo) di media a circa 1 Gbps (Gigabit per secondo), con punte di picco intorno ai 20 Gbps per le reti 5G e a una soglia teorica ipotizzata di circa 1000 Gbps per le reti 6G. Questo significa poter trasmettere e ricevere molti più dati nello stesso periodo di tempo, con innumerevoli vantaggi sulle tipologie e sulla qualità dei servizi che potranno essere messi a disposizione.

Per quanto riguarda la latenza, invece, passeremo dai circa 50 ms attuali delle reti 4G ai circa 10 ms con picchi teorici di circa 1 ms delle reti 5G, fino a una latenza teorica di 0,1 ms per le reti 6G.

La latenza è l'intervallo di tempo che intercorre tra il momento in cui un segnale viene inviato e il momento in cui è disponibile l'effetto che tale invio

---

[40] https://www.italian.tech/blog/futuri-possibili/2021/11/23/news/cosa_faremo_con_il_6g-327494188/

produce nel sistema, in pratica quando inviamo un comando tramite una rete 5G o 6G, questo comando arriverà molto più velocemente al destinatario della comunicazione e questo significa che potrà essere eseguito molto più rapidamente.

Ci sono casi d'uso in cui la latenza non è un elemento determinante, si pensi per esempio a quando si accede a contenuti multimediali in streaming, in quel caso non ci accorgeremo quasi del ritardo con cui la nostra richiesta verrà processata. In altri casi invece la latenza è l'elemento fondamentale per determinare se una certa operazione si possa davvero compiere da remoto collegati a una rete oppure no.

La differenza di qualche millisecondo potrebbe a prima vista sembrare trascurabile, ma in realtà avere una latenza più bassa consente utilizzi prima impensabili con reti di generazioni precedenti. Si pensi per esempio a un intervento chirurgico effettuato da remoto, è fondamentale che gli impulsi inviati dal chirurgo siano eseguiti istantaneamente sul campo operatorio, un ritardo di pochi millisecondi potrebbe fare la differenza tra la vita e la morte del paziente. Allo stesso modo un'auto a guida autonoma ha bisogno che nella sua rete interna, e nella comunicazione con altri veicoli presenti sulla strada, la latenza sia bassissima, questo perché quando i sensori rilevano un ostacolo e inviano il segnale alla centralina di controllo aspettandosi che la stessa si occupi di azionare lo sterzo, è bene che questo accada nel più breve tempo possibile, pochi millisecondi in questo caso possono fare la differenza tra l'avere un incidente stradale e il tornare a casa sani e salvi dalla propria famiglia.

Come ulteriore esempio si pensi a un videogame in cui un utilizzatore stia pilotando un'automobile in pista in una sfida con altri giocatori, quello che serve è che il videogame reagisca con immediatezza a ogni comando che viene inviato, ruotare un volante o premere il pedale del freno e dover attendere 50 ms prima che il nostro comando venga effettivamente eseguito fa la differenza non soltanto tra vincere o perdere la sfida in pista, ma anche tra l'avere la percezione che il sistema di controllo abbia un movimento naturale e fluido e pensare invece che sia lento, inaffidabile e spesso e volentieri inutilizzabile.

Se le reti 5G sono ormai fra noi, anche se la loro diffusione non è ancora così capillare, per il 6G invece sarà necessario attendere ancora qualche anno.

Si ipotizza di arrivare entro il 2028 alla disponibilità dei primi servizi basati su reti di sesta generazione, mentre la commercializzazione di massa è prevista intorno al 2030.

Se la tecnologia è uno straordinario abilitatore di innovazione, possiamo senz'altro dire che la connettività è un abilitatore di abilitatori, in quanto consente lo sviluppo e l'evoluzione di quelle tecnologie con cui, successivamente, verranno realizzati i servizi per le aziende, i consumatori finali e i cittadini. Di conseguenza l'evoluzione della connettività avrà, come effetto collaterale, un incredibile aumento della capacità di generare impatto concreto nella società grazie all'utilizzo delle tecnologie abilitanti ed emergenti.

Le caratteristiche delle reti di sesta generazione, che sono riassumibili in altissima velocità e latenza trascurabile, unite all'evoluzione delle tecnologie abilitanti, consentiranno di realizzare nuove famiglie di servizi all'interno di tre direttrici fondamentali: realtà estesa naturale, presenza olografica ad alta definizione, disponibilità di una nuova generazione di gemelli digitali.

La realtà estesa naturale consentirà, indossando appositi occhiali o caschetti, di muoversi all'interno di mondi virtuali che potranno essere indistinguibili dalla realtà. Questo consentirà, per esempio, di fare riunioni di lavoro in un ufficio identico a quello reale, o magari anche più bello, e in compagnia di colleghi rappresentati, all'interno del mondo virtuale, in modo estremamente realistico e non più sotto forma di avatar. Le stesse tecnologie potranno essere utilizzate per visitare in anteprima i luoghi di vacanza, per fare incontri di famiglia a grande distanza o per ritrovarsi insieme, virtualmente, per assistere a un evento sportivo o a un concerto.

La tecnologia abilitante principale sarà costituita da una nuova famiglia di dispositivi, gli occhiali per la realtà estesa, che irromperà tra qualche anno sul mercato e che cambierà radicalmente le nostre vite e i nostri comportamenti.

La presenza olografica remota ci consentirà di comparire virtualmente in altri luoghi e, insieme alla realtà estesa, ci consentirà di affiancare i nostri amici e colleghi indipendentemente dalla nostra e dalla loro posizione geografica. Pensate di fare un'assistenza remota a un cliente comparendo di fianco a lui in forma di ologramma, o di partecipare a un torneo di scacchi senza recarvi fisicamente sul posto, ma comparendo sotto forma di ologramma di fronte al vostro avversario.

L'unione di connettività 6G, tecnologie abilitanti e grandi quantità di dati ci consentirà di realizzare nuove generazioni di gemelli digitali, simulazioni complete che potranno interessare sia oggetti inanimati che esseri viventi. Il gemello digitale di una linea di produzione, per esempio, ci consentirà di muoverci arbitrariamente nella linea del tempo e andare a individuare i margini di miglioramento per migliorarne l'efficienza. Allo stesso modo il gemello digitale del nostro corpo potrà consentire al medico di comprendere meglio i sintomi e di verificare in anticipo gli effetti di una certa terapia. Avendo tutti questi dati a disposizione, che in massima parte saranno rilevati in tempo reale grazie a sensori a bordo del nostro corpo, il medico sarà anche in grado di monitorare costantemente la qualità della nostra salute e di intercettare in anticipo eventuali problemi.

Queste tecnologie introdurranno cambiamenti importanti nel nostro mondo, ma anche nei nostri comportamenti: la presenza costante, per esempio, di occhiali per la realtà estesa di fronte ai nostri occhi fornirà incredibili opportunità, ma anche qualche comprensibile preoccupazione per fenomeni comportamentali che dovremo essere in grado di gestire.

Nota di ripubblicazione

Dopo due anni, la situazione delle tecnologie 6G è un po' più chiara.
Gli standard si stanno consolidando e sono stati prodotti alcuni interessanti casi d'uso, per lo più basati sul Edge Computing.
Pekka Lundmark, amministratore delegato di Nokia, e Nick McKeown, vicepresidente senior del Network and Edge Group di Intel, hanno recentemente dichiarato di prevedere l'introduzione commerciale delle tecnologie 6G intorno al 2030, più probabilmente in occasione delle Olimpiadi 2032 a Brisbane, in Australia.

COSA VEDE UNA TESLA

In origine pubblicato su Italian Tech il 25 gennaio 2022[41]

La mobilità del futuro sarà caratterizzata da una nuova classe di veicoli, per buona parte diversi da quelli che conosciamo oggi, anche se l'obiettivo sarà sempre quello di spostare con facilità ed efficienza cose e persone.

Si tratterà di veicoli a propulsione prevalentemente elettrica, connessi tra loro grazie a reti 5G e 6G e in massima parte autonomi in termini di capacità di guida.

Oggi siamo abituati a veicoli che, nella migliore delle ipotesi, sono dotati di ausili che consentono di automatizzare alcuni gesti tipici della guida e di aumentare il livello di sicurezza. Pensiamo agli strumenti che consentono a un'auto di seguire il veicolo di fronte mantenendo la distanza di sicurezza oppure di stare all'interno della corsia di marcia o, ancora, di frenare automaticamente per evitare collisioni con altri veicoli o con pedoni.

Si tratta di grandi passi avanti rispetto alla guida tradizionale e nel mondo esistono numerose sperimentazioni di ulteriori automatismi in ambienti controllati; tuttavia, queste funzionalità sono lontanissime dal consentire una guida completamene autonoma.

Uno dei produttori più evoluti nel comparto dei veicoli elettrici e della guida autonoma è Tesla, che nel 2015 è stata indicata da Forbes come l'azienda più innovativa al mondo e che a marzo 2020 ha raggiunto il traguardo di 1 milione di auto elettriche prodotte, prima fra tutte le case automobilistiche.

Tesla è famosa nel mondo dell'automotive anche per il suo celebre

---

[41] https://www.italian.tech/blog/futuri-possibili/2022/01/25/news/cosa_vede_una_tesla-335154276/

"autopilot", un complesso ecosistema tecnologico in grado di offrire funzionalità avanzate di assistenza alla guida e di consentire un'automazione del veicolo di Livello 2. In questa configurazione il sistema è in grado di acquisire il controllo del veicolo in alcune particolari situazioni di guida, anche se il conducente non può distrarsi e deve comunque essere sempre in grado di riprenderne il controllo. Le funzionalità attualmente attive sono: il mantenimento del centro della corsia, il cruise control in grado di gestire il traffico, i cambi di corsia automatici, la navigazione semi-autonoma in autostrada, il parcheggio autonomo e l'uscita autonoma da un garage o da un parcheggio.

In questo video[42] è possibile comprendere quello che un sistema di questo tipo è in grado di percepire dall'ambiente circostante. Il risultato si ottiene addestrando reti neurali profonde su problemi che per l'essere umano sono abbastanza semplici, ma che per un veicolo autonomo possono davvero rappresentare uno scoglio in termini di complessità, si va dalla percezione nei dettagli dell'ambiente circostante alla comprensione della segnaletica, dalla previsione del comportamento degli altri veicoli o pedoni presenti sulla strada, fino al controllo completo della dinamica di guida.

La base di conoscenza a cui fa affidamento questo sistema è costituita dalla conoscenza condivisa di più di un milione di veicoli che girano nelle strade di tutto il mondo, questo consente di migliorare le scelte e i comportamenti di guida sulla base dell'esperienza accumulata anche da altri veicoli in altri contesti e consente a questi sistemi di essere preparati anche a situazioni che non hanno mai affrontato.

L'Autopilot di Tesla coinvolge 48 reti neurali che impiegano 70.000 ore di GPU per l'addestramento e insieme producono 1.000 tensori distinti, cioè diverse previsioni, per ogni intervallo di tempo.

L'ambizione di Tesla è naturalmente di arrivare in tempi breve al Livello 5: l'automazione completa, la modalità con cui il sistema avrà il completo controllo del veicolo e potrà funzionare in tutte le condizioni e situazioni senza intervento umano. Autoveicoli di questo tipo probabilmente non saranno dotati della postazione di guida a cui siamo abituati, al contrario saranno dei veri e propri salottini viaggianti, in grado di trasportare persone in completa sicurezza ed efficienza.

Nota di ripubblicazione

Nel 2024 Mercedes-Benz renderà disponibili i modelli EQS Sedan e Classe S con il Drive Pilot, il primo sistema di guida autonoma di livello 3.

---

[42] https://www.youtube.com/watch?v=4T40ScT06JE

CHE LAVORI SERVIRANNO NEL METAVERSO

In origine pubblicato su La Repubblica il 15 aprile 2022[43]

Quando pensiamo al Metaverso siamo portati a pensare alle dichiarazioni di Mark Zuckerberg che lo ha definito come "una versione immersiva di internet, in cui invece di guardare qualcosa attraverso lo schermo saremo lì dentro, come se lo stessimo vivendo di persona"[44], intendendo quindi un unico mondo virtuale e immersivo a cui accedere tramite appositi visori in grado di scollegarci dalla realtà fisica e proiettarci all'interno di una nuova realtà, completamente virtuale.

Questa visione, tuttavia, è parziale e limitata, anche se è coerente con gli sforzi che sta facendo Meta per svecchiare la sua piattaforma Facebook e renderla un po' più attrattiva per le generazioni più giovani.

Non avremo affatto un unico ambiente virtuale e immersivo in cui svolgere tutte le attività della nostra vita, al contrario avremo molte applicazioni differenti, più specializzate e abilitate da tecnologie diverse, non esclusivamente la realtà virtuale, ma anche la realtà aumentata e le tecnologie vocali.

Stiamo parlando di tecnologie già esistenti, ma che stanno crescendo in modo esponenziale e per le quali si possono prevedere miglioramenti sostanziali nel breve periodo, con enormi ricadute sulle tipologie di applicazioni e servizi che si potranno fornire alla popolazione nel prossimo futuro.

Potremo per esempio fare riunioni di lavoro in modalità immersiva avendo la percezione di essere con tutti i colleghi in un unico ufficio a

---

[43] https://www.italian.tech/blog/futuri-possibili/2022/01/25/news/cosa_vede_una_tesla-335154276/

[44] https://about.meta.com/it/metaverse/

lavorare insieme, ma in realtà saremo ognuno in un posto diverso. Tuttavia, le persone che opereranno in luoghi di lavoro fisici come negozi, aziende manifatturiere, stabilimenti o sale operatorie, utilizzeranno la realtà aumentata, fornita loro attraverso appositi occhiali smart, e avranno nel loro campo visivo tutte quelle informazioni e quei servizi che saranno utili per svolgere più agevolmente il loro lavoro.

Allo stesso modo sarà possibile avere un'anteprima di una vacanza facendo un giro virtuale e immersivo all'interno di una località turistica e, se ci piacerà, potremo effettuare direttamente la prenotazione dall'interno del mondo virtuale utilizzando semplicemente la nostra voce, ma quando saremo davvero presso la località turistica utilizzeremo la realtà aumentata per accedere a contenuti e servizi disegnati appositamente per farci vivere al meglio l'esperienza turistica. All'interno dei nostri occhiali smart avremo informazioni sui punti di interesse più rilevanti, le descrizioni e la storia dei monumenti, le indicazioni per raggiungere luoghi particolari e i suggerimenti per andare al ristorante o per fare shopping.

Questa nuova modalità, sempre più smart, di accedere a vari aspetti della nostra vita cambierà radicalmente le nostre abitudini, e tenendo conto che la dimensione del mercato legata al concetto di "Metaverso" è stimata essere dai 700 miliardi al trilione di dollari entro il 2030, è inevitabile che tutto questo avrà impatti rilevanti anche sul mondo del lavoro e sulle professionalità che in futuro saranno sempre più ricercate.

Trattandosi di un concetto molto ampio abilitato da un gran numero di tecnologie digitali è inevitabile che le professioni più rilevanti saranno legate proprio a queste tecnologie: dagli esperti di architetture cloud agli sviluppatori software, dagli specialisti di tecnologie vocali agli esperti di intelligenza artificiale, dai progettisti di nuovi dispositivi come i visori di realtà virtuale o gli occhiali smart a chi produce microprocessori e componenti hardware di base.

Tutte queste applicazioni diverse dovranno essere in qualche modo integrate tra loro e con il mondo fisico tradizionale. Per esempio, comprando un vestito reale in un negozio virtuale e immersivo, ci aspetteremo che questo ci venga poi consegnato a casa, allo stesso modo potremo decidere di comprare anche l'equivalente digitale del nostro vestito e vorremo poi poterlo utilizzare nelle riunioni di lavoro, che però si svolgeranno all'interno di altre piattaforme.

L'integrazione tra piattaforme diverse e la creazione di ecosistemi digitali saranno quindi aspetti fondamentali per creare quel collante in grado di generare vero valore partendo da queste applicazioni di base e in questo senso un ruolo determinante lo avranno i system integrator.

Un compito difficile e centrale sarà riservato ai progettisti di mondi virtuali. Avranno la grande responsabilità di creare ambienti immersivi che siano facili da usare, piacevoli e funzionali, senza più i limiti degli spazi fisici e con enormi potenzialità in più dovute alle diverse modalità di interazione che avremo con le altre persone e con gli oggetti virtuali.

Un'altra professionalità estremamente ricercata sarà costituita dagli esperti di marketing e di modelli di business. In tutte queste nuove applicazioni ci saranno tanti prodotti, fisici o digitali, che potranno essere comprati e venduti. Sarà necessario individuare le modalità migliori e i modelli di business più adatti per queste nuove realtà.

Alcuni analisti sostengono che, da quando arriveranno sul mercato le nuove generazioni di occhiali smart in grado di abilitare completamente il paradigma della realtà aumentata, in circa dieci anni le persone smetteranno di utilizzare gli smartphone perché avranno gli stessi contenuti, servizi e applicazioni direttamente a bordo degli occhiali.
Servirà quindi un cambio completo di mentalità nella realizzazione di applicazioni, non più focalizzate sugli smartphone, ma su questi dispositivi che, prima o poi, avremo tutti sempre davanti ai nostri occhi.

Allo stesso modo serviranno esperti nella produzione di contenuti: provate a pensare di vedere un film o un documentario potendovi muovere liberamente nella scena, oppure assistere a un concerto potendo avere qualunque punto di osservazione, anche quello che si può avere stando sul palco con la band.
Serviranno modalità completamente nuove di produrre contenuti virtuali sempre più immersivi e personalizzabili da parte del fruitore finale.

Come era inevitabile si tratta per lo più di professioni legate al mondo del digitale, ma in realtà servirà anche molto altro. Serviranno ergonomi in grado di orientare al meglio le scelte sui dispositivi, sui mondi virtuali e sulle applicazioni di realtà aumentata. Così come serviranno esperti di privacy in grado di tutelare i dati raccolti da questi dispositivi sui nostri comportamenti, e norme dedicate per impedire che vengano distribuite applicazioni in grado di creare dipendenza, un'attenzione che purtroppo in passato non è stata posta per le applicazioni che oggi funzionano sui nostri smartphone.

Quando ci si riferisce al concetto di "Metaverso", quindi, non bisogna pensare che si tratti di un unico mondo virtuale in cui vivere esperienze diversificate, al contrario si tratterà di una collezione di applicazioni diverse, abilitate da tecnologie differenti, con scopi diversi, integrate tra loro e con il resto del mondo. All'interno di questi nuovi ecosistemi ci sarà la necessità di tante professionalità specialistiche, non soltanto legate al mondo del digitale, alcune delle quali ancora non esistono.

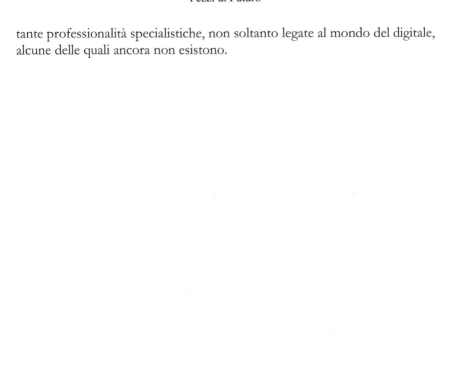

Nota di ripubblicazione

Dopo quasi due anni il concetto di metaverso, citato recentemente da Mark Zuckerberg, è finalmente mutato ed è diventato più realistico e ragionevole, andando nella direzione auspicata: quella di ecosistema.
Gli investimenti nelle tecnologie coinvolte e nei modelli di business sono elevatissimi oggi e cresceranno ancora, secondo McKinsey[45] & Company c'è da aspettarsi una creazione di valore superiore ai 5 trilioni di dollari nel 2030. In uno scenario di questo tipo c'è ovviamente da aspettarsi la creazione di milioni di nuovi posti di lavoro e di nuove professionalità che ancora non esistono.

---

[45] https://www.mckinsey.com/capabilities/growth-marketing-and-sales/our-insights/value-creation-in-the-metaverse

COSA FAREMO CON I DATI
DEI VEICOLI CONNESSI

In origine pubblicato su La Repubblica il 27 maggio 2022[46]

Quando sentiamo parlare di auto connessa la mente va immediatamente alle automobili a guida completamente autonoma, quelle che in futuro ci trasporteranno a destinazione senza la necessità di essere guidate e, probabilmente, addirittura senza un vero e proprio posto di guida. Auto che ci raggiungeranno dove ne avremo bisogno, che ci porteranno autonomamente a destinazione e che poi andranno a parcheggiarsi da qualche parte, approfittando anche per ricaricare le batterie ed essere pronte per il prossimo viaggio.

La verità è che già oggi circa il 45% delle auto[47] che circolano in Italia sono "connesse", nel senso che sono dotate di una connessione dati in grado di ricevere e trasmettere informazioni di varia natura e di utilizzarle per vari scopi. Il mercato complessivo dell'auto connessa in Italia, oggi, è già superiore al miliardo di euro e non può che crescere in futuro perché ormai sono pochissimi i veicoli che escono dalle fabbriche senza essere dotati di sensori in grado di raccogliere dati, di capacità di elaborazione per trasformarli in qualcosa di utile a bordo veicolo e di una connessione in grado di trasmetterli altrove.

---

[46] https://www.repubblica.it/tecnologia/blog/futuri-possibili/2022/05/27/news/auto_connessa_dati_utilizzo-351333556/

[47] https://www.osservatori.net/it/ricerche/infografiche/connected-car-mobility-come-riscrivere-mobilita-futuro-infografica

Questo comparto è in crescita costante, si pensi per esempio che il mercato globale delle auto connesse arriverà a 198 miliardi di euro[48] nel 2025 e che il mercato del software applicato ai veicoli crescerà del 250% entro il 2030[49].

In un mondo che si muove velocemente dal paradigma Internet of Things (l'internet delle cose) a quello Internet of Everything (tutto sarà connesso alla rete Internet) i veicoli connessi rappresentano, e rappresenteranno sempre più in futuro, una parte di questo universo di oggetti connessi. Non si parla soltanto di smartphone, computer e tablet, ma soprattutto di sensori e attuatori sparsi un po' ovunque nei luoghi che frequentiamo: sensoristica di stabilimento per abilitare la manutenzione predittiva, telecamere per aumentare la nostra sicurezza, sensori ambientali per abilitare progetti di smart city, dispositivi indossabili per monitorare la nostra salute e, naturalmente, automobili connesse.

La cosa interessante è che i dati prodotti, consumati e gestiti dai veicoli connessi non serviranno unicamente alle finalità strettamente legate all'auto, ma potranno essere utilizzati anche per innumerevoli altri scopi, grazie all'integrazione con ecosistemi digitali complessi che consentiranno di generare valore dai dati che saranno raccolti e gestiti anche in ambiti completamente differenti.

Dati sanitari di guidatore e passeggeri

Attraverso i sensori a bordo del veicolo e ai sensori personali indossabili che con questo potranno essere connessi, sarà sempre più facile raccogliere una grande quantità di dati sanitari e parametri vitali delle persone presenti all'interno dell'automobile.

Con questi dati si potrà verificare l'idoneità alla guida e i livelli di stanchezza e di attenzione, in modo da impedire che il veicolo possa essere messo in movimento se non ci saranno le condizioni di sicurezza.

Analogamente, in caso di emergenza, si potranno allertare i soccorsi in totale autonomia mettendo direttamente in contatto, se dovesse essere necessario, i soccorritori con il medico curante a cui periodicamente saranno stati inviati i dati sanitari del paziente.

La stessa situazione di pericolo potrà essere segnalata ai veicoli connessi in zona, in modo da minimizzare il rischio di incidente e da ottenere un eventuale soccorso più rapido.

---

[48] https://www.gsma.com/iot/wp-content/uploads/2021/01/Infographic-The-Connected-Vehicle-Opportunity.pdf

[49] https://www.mckinsey.com/industries/automotive-and-assembly/our-insights/the-irresistible-momentum-behind-clean-electric-connected-mobility-four-key-trends

Un mondo più sicuro

I sensori a bordo vettura, compresi i microfoni e le telecamere, potranno essere utilizzati come estensioni degli apparati di sicurezza dei nostri quartieri, aumentando la capacità di sorveglianza e la qualità della prevenzione di alcuni crimini.

Sarà inoltre possibile inviare alert automatici alle forze dell'ordine o ai soccorsi in caso si intercettino reati o situazioni di pericolo.

È possibile che questo utilizzo della tecnologia possa funzionare anche da deterrente verso alcune tipologie di crimine o di comportamenti pericolosi, ma sarà essenziale tutelare la privacy delle persone ed evitare gli algoritmi di riconoscimento facciale che, come abbiamo visto in questo articolo[50], in alcuni casi potrebbero creare più danni che vantaggi per la popolazione.

Parcheggiare più facilmente

I dati provenienti dai veicoli, e la sensorizzazione di grandi aree delle nostre città, consentiranno una copertura completa e in tempo reale delle disponibilità di parcheggio. Questi dati fluiranno direttamente all'interno del nostro navigatore e saranno in grado di guidarci, con buona affidabilità, verso quel parcheggio che in alcune zone oggi rappresenta un vero e proprio miraggio. Nel caso di parcheggi a pagamento sarà possibile anche la prenotazione automatica a distanza, in modo da essere sicuri di trovare il posto disponibile, e il pagamento. Il tutto senza dover fare atro che parcheggiare.

La sosta nei parcheggi dei centri urbani sarà completamente automatizzata, le "strisce blu" non rappresenteranno più un problema tra parchimetri, gratta e sosta e app diverse da utilizzare in contesti diversi. L'auto si preoccuperà di segnalare la sosta ai sistemi che gestiranno quell'area non appena la lasceremo in una zona a pagamento. Al termine della sosta l'auto si occuperà di effettuare il pagamento in modo automatico e di farci avere la nostra ricevuta digitale.

Pagare

Il pagamento di servizi come pedaggi, parcheggi, lavaggio, carburante o ricarica elettrica avverrà in modo completamente automatico utilizzando i sistemi di pagamento che avremo associato al veicolo, esattamente come oggi associamo una carta di credito al nostro smartphone.

Allo stesso modo potranno essere acquisitati altri servizi a valore aggiunto

---

[50] https://www.italian.tech/blog/futuri-possibili/2021/07/25/news/la_necessita_di_equilibrio_nel_riconoscimento_facciale-311725706/

da utilizzare a bordo, come contenuti multimediali, ma anche all'esterno del veicolo, come i biglietti dell'evento verso cui staremo viaggiando o la spesa che andremo a ritirare in modalità "drive-in".

Sarà molto importante garantire una completa integrazione con sistemi di terze parti, in modo che l'auto possa diventare non soltanto ambiente di fruizione di contenuti e servizi, ma anche strumento di pagamento da utilizzarsi come fosse una carta di credito.

Un tema che non potrà assolutamente essere trascurato è quella della cybersecurity, grandi volumi di dati in ingresso e in uscita dal veicolo costituiranno una preda ambita per i malintenzionati, sarà quindi indispensabile curare la sicurezza informatica in modo maniacale.

Le previsioni sull'auto connessa sono estremamente positive, va detto infatti che entro il 2025, secondo questo report[51] di GSMA, si prevede che le auto connesse contribuiranno ogni anno a salvare 11.000 vite, a scongiurare 260.000 incidenti, a evitare di rilasciare in atmosfera 400.000 tonnellate di anidride carbonica e a risparmiarci 280 milioni di ore di guida.

Ben venga quindi il veicolo connesso, in attesa di quello completamente autonomo.

Nota di ripubblicazione

I dati dei veicoli connessi iniziano anche a essere disponibili fuori dal controllo degli utilizzatori e delle case produttrici.
Si sono infatti verificati dei casi in cui alcuni flussi di dati sono stati intercettati da malintenzionati e utilizzati per mettere in atto truffe e ricatti.
Una delle cose su cui investire, da subito, è la sicurezza nella gestione di questi dati.

---

[51] https://www.gsma.com/iot/wp-content/uploads/2021/01/Infographic-The-Connected-Vehicle-Opportunity.pdf

E ORA LA TECNOLOGIA CAMBIA L'ACCESSO ALLA CULTURA

In origine pubblicato su La Repubblica il 14 settembre 2022[52]

Il turismo è sempre stato uno straordinario bacino di innovazione e contribuisce ogni anno al PIL del mondo con percentuali significative.

Secondo i dati[53] rilevati dal World Travel & Tourism Council nel 2019 il contributo del turismo all'economia mondiale è stato di 9.170 miliardi di dollari pari al 10.4% del PIL mondiale.

La pandemia da Covid-19 ha avuto impatti economici devastanti su tutto il settore, ma c'è da aspettarsi una ripresa significativa anche grazie all'utilizzo di nuove modalità con cui vivere le mete di vacanza e dell'intero processo che ha a che fare con la fruizione turistica. Queste nuove modalità di fruizione saranno in futuro abilitate dalle tecnologie che avremo a disposizione e grazie a esse saremo di fronte a modalità completamente nuove di vivere l'esperienza turistica, dal momento in cui sceglieremo una meta, a quando prenoteremo un soggiorno, a quando vivremo concretamente l'esperienza, fino a quando torneremo a casa con qualcosa in più nel nostro bagaglio esperienziale e culturale.

In futuro scopriremo nuove mete turistiche di nostro interesse anche grazie al fatto che saremo immersi, molto più di oggi, all'interno di ecosistemi digitali a cui forniremo dati con i nostri comportamenti, che individueranno le nostre preferenze e che saranno in grado di proporci mete di nostro gradimento, in periodi compatibili con le ferie programmate per la nostra

---

[52] https://www.repubblica.it/tecnologia/2022/09/14/news/cambia_laccesso_alla_cultura-365601237/

[53] https://wttc.org/Research/Economic-Impact

famiglia, con i calendari scolastici e con gli eventi che saranno ritenuti più interessanti per il nostro profilo da turisti.

Un ruolo importante nella scelta di una meta turistica verrà svolto dalla possibilità di visitarla in anteprima grazie all'utilizzo della Extended Reality. Oggi siamo soliti sfogliare cataloghi cartacei o contenuti digitali per le destinazioni che consideriamo interessanti per le nostre vacanze, spesso cerchiamo foto e video sul web, accediamo alle webcam in diretta per controllare in tempo reale la situazione oppure guardiamo le mappe satellitari per farci un'idea più precisa di come siano fatti i luoghi che pensiamo possano ospitarci per una vacanza. Ci interessa la posizione di un appartamento, la distanza di questo dai trasporti, dai servizi e dal centro città, oppure la struttura di un villaggio turistico, la posizione del nostro bungalow rispetto alla piscina, ai servizi o all'area gioco per i bambini. Quello che cerchiamo è una sorta di esperienza preliminare, il poter dare un'occhiata direttamente per renderci conto di persona di alcune caratteristiche dei luoghi, delle strutture, delle attrezzature e di tutto quello che può fare la differenza tra una bella vacanza e una invece meno soddisfacente. Questo bisogno di avere un'anteprima dei potenziali luoghi di vacanza sarà in futuro soddisfatto dalla possibilità di frequentarli virtualmente attraverso il paradigma della extended reality. Le destinazioni turistiche più importanti, come oggi forniscono foto e video delle località e delle loro infrastrutture, forniranno mondi virtuali completi che potranno essere utilizzati per visitare virtualmente i luoghi, scoprirne le caratteristiche e apprezzarne le specificità. Una volta identificata una lista di possibili destinazioni o strutture ricettive non dovremo far altro che utilizzare i nostri smart glasses per essere proiettati all'interno del mondo virtuale che qualcuno avrà preparato per noi. Potremo passeggiare virtualmente sulla spiaggia, andare in giro tra i bungalow o tra le casette di un villaggio, fare una visita al supermarket o un giro nel paese vicino. Potremo anche fare qualche escursione virtuale nei dintorni utilizzando il mondo virtuale messo a disposizione dalla struttura oppure direttamente da chi organizza realmente quel tipo di esperienza, in modo da capire se ne valga la pena oppure se le nostre aspettative fossero superiori e quindi sia meglio orientarsi altrove. Quel che è certo è che la fruizione virtuale in anteprima diverrà in breve tempo una caratteristica imprescindibile di buona parte delle esperienze turistiche, al punto che le strutture che non la offriranno, o che la offriranno parziale o di bassa qualità, saranno considerate non all'altezza e non al passo con i tempi, con inevitabili ricadute sul marketing e sulla capacità di attrarre turisti, esattamente come oggi avviene per quelle strutture che non hanno un sito web, oppure che ce l'hanno decadente e non curato o che non consentono prenotazioni online.

Una volta giunti a destinazione troveremo informazioni e contenuti dedicati al luogo in cui ci troviamo, alla vacanza che abbiamo prenotato, ai servizi a disposizione. Mentre oggi la struttura ricettiva ci offre depliant delle escursioni, volantini degli eventi e buoni sconto di alcuni ristoranti e negozi specializzati, in futuro tutto questo sarà trasformato in un insieme di contenuti digitali da cui poter attingere. Potremo farci consigliare da algoritmi di intelligenza artificiale sull'ordine più indicato con cui affrontare le escursioni, sui giorni in cui potremo attenderci una minore affluenza di pubblico o un meteo migliore. Potremo godere di un'anteprima virtuale dell'esperienza per capire se ci interessi e se sia adatta al nostro stile di vacanza. I buoni sconto saranno applicati automaticamente in fase di prenotazione o pagamento perché l'integrazione tra sistemi farà in modo che l'informazione del nostro diritto allo sconto sia propagata automaticamente tra un sistema e l'altro, non dovremo preoccuparci di dove abbiamo messo i coupon, di quanti sono, di chi in famiglia ne ha diritto. Dovremo semplicemente recarci nella struttura e fare la nostra escursione o goderci il nostro spettacolo, senza pensare a nulla che non sia il goderci la nostra esperienza nel totale relax della vacanza.

Nella quotidianità della vacanza saremo circondati di informazioni aggiuntive su quello che staremo guardando, su nuove proposte di eventi o su percorsi storici o culinari che potrebbero interessarci. Questo verrà fatto nel pieno rispetto della privacy attraverso l'utilizzo della realtà aumentata che avremo sempre a disposizione grazie ai nostri smart glasses. Camminando su un sentiero di montagna potremo avere sempre a disposizione nel nostro campo visivo le informazioni sulle vette che ci circonderanno, la direzione da seguire per non perderci tra i sentieri, il riconoscimento automatico e immediato di flora e fauna, con la possibilità di scattare foto di quello che staremo guardando semplicemente attraverso una gesture o un comando vocale, in modo da arricchire la nostra libreria di immagini personali e con la possibilità immediata di condividerle con amici e parenti oppure di pubblicarle sui social network. Frequentando un parco divertimenti potremo avere sempre di fronte agli occhi la mappa del parco, i suggerimenti sulle attrazioni più vicine e meno affollate, la posizione di servizi, bar e ristoranti.

Andando in uno di questi bar o negozi potremo avere sempre a disposizione le informazioni sui prodotti in vendita, sarà sufficiente guardarli attraverso gli smart glasses e immediatamente l'immagine si arricchirà di informazioni aggiuntive come il prezzo o gli ingredienti, inoltre eventuali nostre allergie a qualche componente verranno immediatamente segnalate.

Lo stesso pagamento di un prodotto in un negozio o in un bar avverrà semplicemente guardando il prodotto e utilizzando l'apposita gesture per autorizzare la transazione.

Queste stesse tecnologie ci consentiranno anche di godere di esperienze turistiche virtuali al di sopra delle nostre capacità o possibilità. Si pensi per esempio all'opportunità di fare immersioni virtuali in zone marine che, a causa del loro delicato equilibrio ambientale, non siano aperte al pubblico.

Potremo comunque goderci lo spettacolo della natura senza incidere negativamente sull'ambiente e sul suo delicato equilibrio. Allo stesso modo potremo frequentare virtualmente luoghi che non siano alla portata del nostro budget perché lontanissimi o molto costosi. Usando la realtà virtuale potremo avvicinarci all'esperienza reale in modo gratuito o comunque spendendo una piccola frazione di quanto saremmo costretti a spendere per andarci fisicamente. La stessa tecnologia ci consentirà di vivere esperienze di visita virtuale di luoghi inaccessibili per la stragrande maggioranza delle persone, si pensi per esempio ad un'immersione nella Fossa delle Marianne, a qualche passeggiata sulle vette più alte della Terra, al frequentare i deserti più caldi o i paesaggi polari più freddi. Fino ad arrivare a luoghi decisamente inaccessibili, come una missione spaziale che ci porti sulla Stazione Spaziale Internazionale oppure una camminata sulla Luna o su Marte.

Alcune delle professioni del futuro saranno quindi legate alla progettazione e produzione di mondi virtuali, sempre più realistici, a cui accedere attraverso le tecnologie di extended reality.

Allo stesso modo la produzione di mondi virtuali innescherà nuovi modelli di business legati alla loro fruizione. Sarà possibile recarsi fisicamente presso un sito museale o una galleria d'arte, comprare il biglietto e fruire delle opere esposte, oppure in alternativa sarà possibile acquistare un biglietto che darà diritto alla fruizione virtuale delle stesse opere attraverso un mondo virtuale adeguatamente progettato e realizzato. È chiaro che tanto più il mondo virtuale sarà realistico e progettato in modo da garantire la massima esperienza per l'utente, tanto più il costo del biglietto potrà essere vicino al costo che si avrebbe per la visita reale. In alcuni casi il costo per la visita virtuale potrebbe essere addirittura superiore se il mondo virtuale fosse in grado di garantire un'esperienza ancora più interessante e completa, come per esempio l'accesso a collezioni del passato, a pezzi unici, ad opere non fisicamente disponibili nel museo.

In ogni caso anche la visita reale al museo sarà migliorata grazie all'utilizzo degli smart glasses che avremo sempre con noi. Questo ci consentirà di seguire percorsi di visita personalizzati secondo le nostre esigenze e di avere tutte le informazioni su un'opera semplicemente guardandola attraverso gli occhiali, con tutte le informazioni che tipicamente vengono fornite tramite un'audio-guida, ma ulteriormente arricchite da contenuti multimediali e da algoritmi di intelligenza artificiale in grado di fornirci contenuti adeguati alla nostra età, al nostro interesse e alla nostra conoscenza dell'argomento.

Tutte queste nuove modalità di accesso alla cultura, ai viaggi e a differenti esperienze di vacanza consentiranno anche di individuare nuove modalità turistiche che saranno il più possibile ecosostenibili. Molte persone, infatti, già oggi stanno cercando di trasformare le proprie vite in modo che siano il più possibile neutre rispetto alle emissioni di anidride carbonica immessa nell'atmosfera, di conseguenza molte scelte, anche turistiche, che prima privilegiavano il viaggio verso destinazioni remote, si stanno orientando verso soluzioni più ecosostenibili e in questo senso le visite virtuali o l'accesso a mondi virtualizzati, per poter godere di esperienze simili a quelle che si potrebbero avere di persona, sono alternative che in futuro avranno un mercato. Sta a noi cercare di mettere a disposizione di questo nuovo mercato le piattaforme digitali che potranno fornire i servizi richiesti, tutti i contenuti necessari per offrire un'ottima esperienza turistica e i modelli di business adeguati.

Nota di ripubblicazione

Iniziano a essere disponibili al pubblico alcune interessantissime esperienze immersive e aumentate nel comparto turistico. Si va dai tour virtuali dei musei (il Louvre a Parigi, il British Museum a Londra, il Museo del Prado a Madrid), alla visita aumentata di monumenti e siti storici, fino a vere e proprie esperienze immersive come la visita virtuale della Grande Piramide di Giza.
Considerando l'enorme patrimonio turistico e culturale esistente al mondo, è facile immaginare che, non appena la tecnologia sarà un po' più disponibile, arriveranno applicazioni dedicate a tutti i siti turistici più importanti del mondo.

L'AVVENTO DEI ROBOT
CAPACI DI PARLARE CON NOI

In origine pubblicato su La Stampa il 15 ottobre 2022[54]

La robotica tradizionale umanoide in questo momento si concentra principalmente sul movimento e sull'espressività facciale. È importante infatti che queste macchine, nella loro transizione dagli ambienti di fabbrica a quelli casalinghi, assumano sempre più caratteristiche fisiche familiari per gli esseri umani, da un lato per sembrare più "naturali" in termini di relazioni con le persone, e dall'altro per questioni ergonomiche, cioè per adattarsi meglio ad ambienti pensati e realizzati per gli esseri umani.

Quando chiederemo a un robot di caricare la lavastoviglie, e prima o poi accadrà, la macchina sarà avvantaggiata dall'avere un aspetto antropomorfo, perché potrà muoversi nello spazio domestico esattamente come farebbe un essere umano. In questo modo si garantirà, quindi, una compatibilità di spazi con le persone, e questa sarà probabilmente una caratteristica molto apprezzata soprattutto per i robot cosiddetti "generalisti", cioè macchine in grado di svolgere numerosi compiti diversi nelle nostre case e in grado di muoversi nei nostri spazi esattamente come facciamo noi.

Prima di arrivare alla robotica casalinga generalista, tuttavia, sarà necessario passare per macchine specializzate su singoli compiti e non antropomorfe, e questo genererà qualche inefficienza sia nelle funzionalità disponibili, molto diverse da quelle desiderabili, sia nei costi, sia negli spazi necessari a collocare queste macchine quando non verranno utilizzate.

---

[54] lastampa.it/tecnologia/blog/futuri-possibili/2022/10/19/news/robot_umani_conversazioni-370724725/

La comunicazione tra esseri umani e machine

Al di là delle caratteristiche meccaniche, robotiche e legate alle funzionalità disponibili, sorge il problema della comunicazione diretta con queste macchine. È naturale pensare che a esse ci relazioneremo in linguaggio naturale, un po' come oggi cerchiamo di fare, a volte con poco successo, con gli assistenti vocali più famosi come Siri, Alexa e Google Assistant.

Le tecnologie legate alla voce rappresentano già oggi un ottimo strumento per semplificare alcuni compiti un po' banali, anche se utili, come impostare timer e sveglie, gestire le liste della spesa, chiedere informazioni o mettere un po' di musica.

È inevitabile che nel prossimo futuro le due direzioni, robotica casalinga e comunicazione in linguaggio naturale, convergeranno per dotare le macchine di un'interazione con le persone che sia il più simile possibile a quella che avviene tra gli esseri umani.

Sarà quindi possibile chiedere l'ormai fatidico "Alexa, carica la lavastoviglie" avendo la certezza, o almeno la fondata speranza, che la macchina generalista sia in grado di svolgere il compito nel migliore dei modi, e questo varrà per la maggior parte dei compiti casalinghi, noiosi e dissipatori smisurati del nostro tempo.

I robot conversazionali

Si arriverà quindi ai "robot conversazionali", cioè macchine in grado di compiere azioni fisiche e, contemporaneamente, di conversare in linguaggio naturale con gli esseri umani. Ovviamente questa seconda caratteristica potrà essere utilizzata in moltissimi campi, indipendentemente dalle capacità di movimento e di svolgere numerose mansioni nella nostra abitazione o nei nostri uffici.

Uno dei primi a sperimentare questo modello relazionale è stato il Prof. Hiroshi Ishiguro[55], che lavora al dipartimento di macchine adattive all'Università di Osaka. Tra le varie sperimentazioni di robot antropomorfi Ishiguro già alcuni anni fa ha realizzato i robot CommU e Sota[56], piccole macchine in grado di comunicare in linguaggio naturale in giapponese e in inglese, talmente efficienti da essere considerate un ottimo strumento per insegnare l'inglese ai bambini giapponesi.

Nel tempo si sono fatti numerosi passi in avanti, fino ad arrivare a una macchina davvero molto promettente, si tratta della versione più piccola del robot antropomorfo Sophia e il suo nome è Little Sophia[57], realizzata da

---

[55] https://it.wikipedia.org/wiki/Hiroshi_Ishiguro

[56] https://www.youtube.com/watch?v=o74xEVdT7N4

[57] https://www.youtube.com/watch?v=_pkjtISUVhA

Hanson Robotics[58].

Questa versione ridotta di Sophia, indubbiamente uno dei progetti più promettenti in termini di robotica antropomorfa ed espressiva, è in realtà un progetto non recentissimo, parliamo di una progettazione iniziata nel 2019, ma soltanto alla fine del 2022 dovrebbero vedere la luce i primi esemplari finanziati attraverso un apposito progetto Kickstarter.

Si tratta di una macchina alta circa 35 cm ed è stata concepita per essere una specie di insegnante di supporto per bambini tra i 7 e i 14 anni, e in particolare per aiutarli nello studio delle materie scientifiche. È una macchina che incorpora molte delle funzionalità della sorella maggiore Sophia, in particolare è in grado di camminare, di parlare, di cantare (non sappiamo ancora con quali risultati), di raccontare barzellette. È in grado di reagire in modo molto empatico ai comandi vocali che riceve ed è in grado di esprimere emozioni e sensazioni, come la tristezza, la felicità e la sorpresa, tutte abilità che contribuiranno a migliorare l'esperienza didattica.

Little Sophia è pensata per insegnare le materie STEM ai bambini, ma in realtà lo stesso modello potrà essere applicato per conversare di qualunque argomento con gli esseri umani, per insegnare qualunque materia, con diversi gradi di complessità, a porzioni eterogenee della popolazione, a cominciare dai bambini con le materie scientifiche, per arrivare all'insegnamento delle materie umanistiche a qualunque tipologia di studenti.

Anche nel campo della robotica conversazionale siamo solo all'inizio.

Nota di ripubblicazione

Nel novembre 2022, un mese dopo la pubblicazione, è stato presentato al pubblico per la prima volta ChatGPT di OpenAI, un modello di linguaggio progettato per generare risposte testuali in forma conversazionale, simulando il modo in cui un essere umano potrebbe rispondere in una conversazione in una chat.

Con questo strumento l'asticella della capacità conversazionale che possiamo attenderci da una macchina si è alzata moltissimo, nel prossimo futuro sarà sufficiente integrare uno strumento di questo tipo all'interno di robot fisici per fornire loro capacità linguistiche che fino a ieri avremmo definito sorprendenti.

---

[58] https://www.hansonrobotics.com/

VOICE TECHNOLOGY E
NUOVE FORME DI REALTÀ

Da "Brand Voice – Identità sonore, intelligenza artificiale, dialoghi aumentati".[59]
Di Alberto Maestri, Alessio Pomaro, Giorgio Triani
Edizioni FrancoAngeli – Pagine 94 – 97.

Viviamo in tempi straordinari, in cui le tecnologie emergenti diventano sempre più abilitanti e le potenzialità da loro offerte diventano sempre più parte delle nostre vite, generando impatti importanti in tutti i settori, da quelli propriamente legati al business a quelli più consumer.

Tra queste famiglie di tecnologie, dette "esponenziali" perché l'impatto che genereranno in futuro sulle nostre vite ha una crescita di tipo esponenziale e di conseguenza sarà presumibilmente molto più rilevante di quanto oggi possiamo immaginare, ce ne sono alcune che recentemente hanno acquisito particolare spazio sui media perché si considerano alla base di un concetto più ampio che prende il nome di "metaverso", stiamo parlando naturalmente di realtà virtuale e realtà aumentata.

Quando parliamo di realtà virtuale intendiamo una particolare esperienza completamente immersiva, in cui il fruitore perde completamente il contatto con la realtà fisica e si trova proiettato in un mondo completamente virtuale in cui giocare, conoscere altre persone, effettuare acquisti, partecipare a uno spettacolo oppure visitare in anteprima un luogo di villeggiatura.

Per accedere a questa particolare esperienza servono quindi appositi visori in grado non soltanto di proiettare di fronte agli occhi degli utilizzatori la realtà immersiva in cui ci si aspetta che siano disponibili i contenuti o i servizi che gli utenti vorranno usare, ma anche, e soprattutto, che isolino

---

[59] https://www.francoangeli.it/libro?id=28215

completamente dalla realtà fisica esistente, per non creare disorientamento.

Di conseguenza l'utilizzatore non vedrà nulla del luogo fisico in cui si trova e non sentirà nulla provenire da esso, proprio perché l'esperienza, per essere completa, deve essere completamente immersiva e i sensi devono essere interamente dedicati a essa.

Un buon esempio di realtà virtuale, già oggi disponibile sul mercato, è rappresentato da alcuni videogame completamente immersivi o applicazioni di socializzazione che consentono di visitare mondi virtuali attraverso avatar di sé stessi e di compiere, in quei mondi, azioni molto simili a quelli che si potrebbero compiere nel mondo reale.

Quando, invece, parliamo di realtà aumentata intendiamo una tipologia di esperienza non immersiva, cioè non si perde il contatto con la realtà fisica, ma a quest'ultima vengono aggiunti strati informativi, contenuti e servizi che servono ad aumentare la qualità dell'esperienza. Si pensi per esempio alla possibilità di inquadrare con uno smartphone il nostro soggiorno e di poter scegliere, su un catalogo dentro un'app, un nuovo divano, poter vedere direttamente come starebbe e, se di nostro gradimento, poterlo comprare direttamente dall'app e riceverlo comodamente a casa il giorno seguente.

Per vivere questo tipo di esperienze oggi si utilizzano smartphone e tablet, ma in prospettiva si utilizzeranno appositi occhiali smart sempre connessi e in grado di proiettare applicazioni, contenuti e servizi direttamente di fronte al nostro campo visivo, in modo da lasciarci le mani libere e di consentirci nuove modalità di fruizione che oggi sono ancora allo studio.

Unendo questi due mondi sarà possibile ampliare ulteriormente il concetto e ragionare in termini di realtà mista, una modalità di fruizione che consentirà di non perdere il controllo con la realtà fisica, ma che contemporaneamente consentirà anche di interagire con oggetti digitali proiettati di fronte al nostro campo visivo. Sarà quindi possibile interagire contemporaneamente con entrambe le realtà, abilitando quindi nuove modalità di accesso a contenuti, applicazioni e servizi.

Qualunque sia la modalità di fruizione utilizzata, resta aperto un tema importante: come possiamo avere, tramite queste tecnologie emergenti, una completa interazione tra essere umano e macchina?

Può sembrare un tema di poco conto, ma in realtà la qualità dell'interazione è capace spesso di fare la differenza tra applicazioni e servizi che vengono usate dagli utenti e quelle che invece vengono messe da parte perché più complicate e meno intuitive.

Negli scenari legati a realtà virtuale, aumentata e mista avremo a disposizione enormi possibilità di accesso alle informazioni, ma saremo potenzialmente limitati dalla difficoltà di introdurre dati o impartire comandi alle piattaforme, a causa del fatto che in questi ambienti non possiamo usare le tastiere con cui ci sentiamo così al sicuro quando, per esempio, scriviamo un'email.

Dovremo quindi orientarci su canali comunicativi completamente diversi: le gesture e la voce.

Le gesture saranno uno strumento fondamentale, le useremo semplicemente con le mani oppure utilizzeremo appositi strumenti di puntamento in grado di interagire con oggetti virtuali all'interno del nostro campo visivo, ma in realtà quello farà davvero la differenza sarà l'utilizzo della voce.

Molti di noi sono abituati a interagire con gli assistenti vocali. Inizialmente ci si sentiva un po' stupidi, ora però tutti abbiamo capito che la voce è uno strumento eccellente per chiedere informazioni e attivare servizi tramite questi dispositivi. Si tratta di una modalità che non occupa altre parti del corpo o altri sensi e che può essere utilizzata in modo naturale anche mentre si stanno svolgendo altri compiti, ecco quindi che l'utilizzo in forme estese di realtà diventerà ben presto estremamente naturale e, superato il primo imbarazzo, anche piacevole ed efficiente.

Oggi abbiamo relazioni vocali con i nostri smartphone, con gli smartwatch, con la nostra auto, con dispositivi dedicati, la stessa cosa avverrà con i caschetti per la realtà virtuale e con gli occhiali per la realtà aumentata.

Proviamo a pensare all'applicazione della realtà virtuale nel mondo del turismo, nei prossimi anni sarà normale poter visitare le località di villeggiatura in modo virtuale, accedendo quindi a una sorta di anteprima digitale di quello che poi avremo quando in quella località ci andremo davvero. Ecco, in quelle situazioni sarà per noi normale usare i gesti per compiere azioni all'interno del campo visivo, così come sarà normale usare la voce per impartire comandi o chiedere informazioni ai sistemi di intelligenza artificiale.

Allo stesso modo proviamo a pensare ad applicazioni per lo shopping in grado di funzionare sui futuri occhiali per la realtà aumentata. Potremo muoverci in un negozio reale interagendo, tramite le gesture, con le informazioni che le app metteranno a disposizione sui prodotti in vendita, prezzi, recensioni, offerte, ma allo stesso tempo potremo usare la voce come strumento per chiedere informazioni, per impartire comandi o per confermare gli acquisti.

Se dal punto di vista dell'utente la voce diverrà uno straordinario canale di comunicazione con le macchine, esattamente come lo è per le interazioni tra persone, la cosa diverrà ancora più interessante dal punto di vista delle aziende fornitrici di applicazioni, contenuti e servizi.

L'interazione vocale non è soltanto una questione tecnica, non si tratta unicamente di realizzare algoritmi in grado di comprendere quello che diciamo e di trasformare tutto questo in azioni, è molto di più. È la possibilità di interagire con l'utente nel modo più naturale possibile, nella stessa modalità con cui lui o lei interagisce con gli amici, la famiglia, i colleghi di lavoro.

Siamo quindi alle porte di una grande rivoluzione in termini di interazione tra esseri umani e macchine, ma che in realtà è un enorme cambiamento soprattutto nella relazione tra aziende e clienti, tra produttori e distributori, tra venditori e acquirenti.

Tra qualche anno la gran parte della popolazione utilizzerà la voce come strumento di interazione tradizionale con le macchine, ma le macchine saranno soltanto un intermediario verso un universo di applicazioni, contenuti e servizi, nella produzione di queste nuove forme relazionali servirà grande rispetto per l'utente finale, ma le opportunità saranno davvero enormi per tutti.

Nota di ripubblicazione

Come scrivevo alla nota del capitolo precedente, la presentazione di ChatGPT ha alzato moltissimo l'asticella delle aspettative dal punto di vista conversazionale. Recentemente l'app per smartphone di ChatGPT ha introdotto la conversazione diretta in linguaggio naturale; quindi, si unisce definitivamente la capacità di generare frasi di senso compiuto alla capacità di comprendere il parlato e alla capacità di esprimersi utilizzando la voce.

Le tecnologie vocali sono quindi tra noi e sono qua per restare, non resta che integrarle all'interno di ecosistemi digitali più complessi per ottenere risultati fino a ieri inimmaginabili.

LO SMART WORKING E LA DIMENSIONE DELLA SOSTENIBILITÀ

Da "Dimensioni dello Smart Working"[60]
A cura di Roberto Reale
Edizioni FrancoAngeli – Pagine 51 – 57.

Quando si parla di sostenibilità si corre spesso il rischio di semplificare la questione concentrandosi unicamente sugli aspetti ambientali, al punto di attribuire l'aggettivo "sostenibile" a processi, tecnologie, prodotti o servizi che abbiano un positivo impatto sull'ambiente, trascurando al contempo altri aspetti che spesso sono altrettanto fondamentali.

Si parla quindi di "agricoltura sostenibile" indicando processi particolarmente rispettosi dell'ambiente, del consumo di acqua e di suolo e della riduzione dell'utilizzo di prodotti chimici. Allo stesso modo si parla di "trasporti sostenibili" quando riusciamo a muovere noi stessi o le merci utilizzando metodologie di trasporto a bassa o nulla emissione carbonica.

Questo approccio è estremamente limitante, perché gli aspetti ambientali costituiscono soltanto una parte dei molti temi che hanno a che fare con il concetto di sostenibilità.

La sostenibilità, infatti, è l'insieme delle caratteristiche che consentono a un sistema di assicurare il soddisfacimento dei bisogni della generazione attuale senza compromettere la possibilità delle generazioni future di realizzare i propri.

Stiamo dicendo, quindi, che lo sfruttamento di un qualunque sistema si può ragionevolmente compiere in modo sostenibile se si fa in modo che anche le generazioni future possano fare altrettanto, quello che è

---

assolutamente da evitare è l'indebitamento, dal punto di vista delle risorse, a carico delle successive generazioni, perché in questo caso non si opera più in modo sostenibile.

A prima vista potrebbe sembrare un obiettivo semplice da realizzare, invece sfortunatamente non è così, basti pensare che la popolazione della Terra ogni anno consuma molte più risorse di quelle che il pianeta è in grado di metterle a disposizione, tanto è vero che in un certo giorno dell'anno inizia a consumare anche quelle dell'anno successivo, attivando quindi una specie di "debito di sostenibilità" verso il pianeta che la ospita e di conseguenza, a tutti gli effetti e anno dopo anno, sottraendo quelle risorse alle generazioni future. Si tratta di calcoli precisi effettuati dal Global Footprint Network[61], un'organizzazione di ricerca internazionale che, oltre a calcolare questa data fatidica ogni anno, fornisce anche una serie di strumenti che potrebbero aiutare la popolazione della Terra a operare in modo più rispettoso nei confronti delle risorse del pianeta e a evitare di consumare quelle che appartengono alle generazioni successive.

Per il 2022 si è calcolato che questa data fatidica, chiamata "Earth Overshoot Day"[62], sia fissata al 28 luglio. Dal giorno successivo abbiamo iniziato a consumare in anticipo quanto previsto per il 2023 in termini di risorse naturali, di accumulo di rifiuti e di immissione di anidride carbonica nell'atmosfera.

Per fortuna molte aziende nel mondo hanno iniziato a operare per essere il più possibile "carbon-neutral", cioè a "neutralizzare" le proprie emissioni di anidride carbonica in atmosfera grazie ad attività collaterali che contribuiscono a rimuoverne un'analoga quantità; questo è molto importante perché, quando si riesce a ottenere questo risultato, si agisce su tutti e tre i pilastri della sostenibilità.

I tre pilastri della sostenibilità

La sostenibilità non è un concetto monolitico, al contrario si può considerare da tre punti di vista differenti che vengono identificati come i tre pilastri fondamentali della sostenibilità.

Sostenibilità economica: l'utilizzo, all'interno di un'organizzazione, di strategie che consentano l'impiego delle risorse esistenti in modo ottimale, per far sì che si possano ottenere benefici, in campo economico, nel medio e lungo periodo. Questo implica fare scelte oculate che consentano alle aziende di attivare progetti in cui i ricavi siano superiori ai costi, in modo da rendere l'azienda, nel suo complesso, efficiente e profittevole.

---

[61] https://www.footprintnetwork.org/

[62] https://overshoot.footprintnetwork.org/

Sostenibilità ambientale: consiste nell'utilizzo oculato delle risorse ambientali, per fare in modo che queste non diminuiscano durante il corso del tempo. Questo implica prestare attenzione a tutte le scelte politiche e industriali che vengono compiute, per fare in modo che l'impatto di qualunque scelta si traduca in benefici per l'ambiente o, come minimo, che l'impatto sia neutro.

Sostenibilità sociale: è l'atteggiamento, di un'organizzazione o di una comunità, teso al miglioramento costante della vita delle persone o, come obiettivo minimo, all'evitare che ci sia un peggioramento. Questo si traduce in scelte di tipo politico, amministrativo e industriale che favoriscano il benessere della popolazione, cercando di venire incontro ai bisogni dei suoi membri, ma anche supportando la comunità in modo che le future generazioni possano stare sempre meglio e, come minimo, non peggiorare la loro situazione.

Questi tre concetti ci fanno capire che le scelte politiche, industriali e organizzative, per essere considerate "sostenibili", devono considerare gli aspetti economici, ma anche quelli ambientali e sociali. Inoltre, quando si attivano nuove iniziative di innovazione in un'azienda, un'organizzazione o nell'amministrazione pubblica, è bene che queste siano nativamente sostenibili, cioè che vengano progettate sin dall'inizio considerando i tre pilastri della sostenibilità come elementi fondamentali per consentire il successo dell'iniziativa.

Valutare la sostenibilità

Dovendo lavorare su tre direttrici principali, quella economica, quella sociale e quella ambientale, si potrebbe avere la tentazione di valutare la sostenibilità di un progetto o di un'iniziativa utilizzando una scala per ogni direttrice, misurando la situazione precedente, stimando la situazione a posteriori e facendo delle valutazioni di impatto legate alla differenza sulle tre direttrici. A tale proposito esistono anche dei grafici triangolari in grado di evidenziare l'area della sostenibilità del sistema iniziale, l'area determinata dall'impatto della nostra iniziativa e di conseguenza individuare degli indicatori numerici complessivi abbastanza precisi, a condizione che le valutazioni sulle singole direttrici siano state effettuate in modo rigoroso.

Il problema di queste valutazioni è che spesso le scelte organizzative, i progetti industriali, le iniziative di innovazione o le tecnologie stesse hanno impatti sulla sostenibilità che dipendono fortemente dal contesto, dalle situazioni, dal periodo in cui si attuano e spesso esistono effetti collaterali non facilmente prevedibili che introducono ulteriori dimensioni di analisi in campi che inizialmente non si pensava potessero essere impattati dalla nostra singola iniziativa.

A titolo di esempio si consideri l'impatto sulla sostenibilità che può essere portato nelle nostre vite dai veicoli elettrici. A una visione superficiale si potrebbe accogliere l'avvento di questa nuova forma di mobilità con grande entusiasmo per via del fatto che questi veicoli non inquinano nello stesso luogo in cui vengono utilizzati, di conseguenza vengono percepiti come puliti e gradevoli. Ad un'analisi leggermente più approfondita, tuttavia, ci si rende conto che da qualche parte sarà necessario produrre quell'energia necessaria per caricare le batterie e quindi il vero impatto ambientale dipenderà fortemente dalla tipologia di energia utilizzata: se si tratterà di energia proveniente da fonti rinnovabili, allora l'intera filiera sembrerà pulita, se invece si utilizzeranno fonti fossili e magari altamente inquinanti, allora potremo soltanto dire che l'impatto ambientale sarà stato spostato in un'altra zona e, forse, ma non è certo, contenuto con migliore efficienza.

Nasce poi la questione di analizzare l'intera filiera di produzione delle auto elettriche: qual è l'impatto ambientale necessario per produrre un veicolo elettrico? Paragonabile a quello di un veicolo a combustione? Più alto o più basso? Andando in profondità in questa analisi ci troveremo di fronte a ricerche dai risultati contrastanti, che analizzano solo in parte il problema e che spesso non portano ad alcun risultato concreto.

C'è poi la grande questione della produzione delle batterie, della loro efficienza, della loro durata e della necessità del loro smaltimento.

Qual è dunque la situazione reale? Possiamo affermare con assoluta certezza che l'intera filiera di produzione di auto elettriche possa davvero avere, dal punto di vista della sostenibilità ambientale, impatti migliori rispetto a quelli delle auto tradizionali?

Infine, c'è il grande tema dell'approvvigionamento di materiali particolari, come le terre rare, che solitamente vengono forniti da paesi che non sono molto attenti a quelli che noi, nel nostro fortunatissimo primo mondo, consideriamo importanti diritti dei lavoratori.

Qual è quindi l'impatto, in termini di sostenibilità sociale, di un mezzo di trasporto dedicato al primo mondo, con una filiera di produzione di cui non è completamente chiaro l'impatto ambientale e che per essere costruito ha bisogno di materiali che vengono estratti grazie allo sfruttamento di persone che vivono in paesi meno fortunati del nostro?

Come si può immaginare le risposte a queste domande non sono affatto semplici e, soprattutto, non consentono di dare una valutazione semplificata della sostenibilità dell'intero sistema. Non è possibile affermare con certezza che l'avvento dei veicoli elettrici nelle nostre vite avrà impatti positivi o negativi sui diversi aspetti della sostenibilità.

La sostenibilità dello smart working

Negli anni 2020 e 2021 la pandemia da Covid-19, limitando fortemente gli spostamenti, ha contribuito a un ripensamento globale delle modalità e delle opportunità di movimento. In moltissimi, per esempio, hanno imparato che alcune delle riunioni di lavoro che prima si considerava assolutamente essenziale che venissero svolte in presenza, in fin dei conti si possono anche fare a distanza con l'aiuto della tecnologia, ottenendo risultati paragonabili.

Le aziende che sono andate, molto lucidamente e in anticipo, in questa direzione si sono accorte anche dell'effetto di abbattimento dei costi, basti pensare a quanto si risparmia tra treni, aerei, ristoranti, alberghi, indennità di trasferta dei dipendenti semplicemente non muovendosi e trasformando le riunioni in meeting da svolgersi online con una delle tante piattaforme a disposizione.

Come effetto collaterale positivo, oltre alla maggiore quantità di tempo da dedicare alla famiglia e agli interessi personali, c'è sicuramente un abbattimento delle emissioni generato dalle mutate necessità e dal fatto che le persone hanno viaggiato molto meno, utilizzando sempre meno treni, aerei, automobili e altri mezzi di trasporto inquinanti o energivori. Il tutto contribuisce, naturalmente, a diminuire l'impronta carbonica che è legata all'attività lavorativa delle persone e consente, di conseguenza, di migliorare sensibilmente l'impatto che la nostra società ha sull'ambiente, con indiscutibili vantaggi dal punto di vista della sostenibilità ambientale.

Tuttavia, come sappiamo, il tema della sostenibilità è più complesso e non comprende esclusivamente le tematiche ambientali, ma anche tutti gli aspetti economici e sociali che contribuiscono a realizzare un mondo migliore e più a misura degli esseri umani che lo abitano provvisoriamente nell'attesa di cederlo alle generazioni future dalle quali lo hanno ricevuto in prestito.

Se il passaggio obbligato al remote working e allo smart working ha contribuito in modo significativo alla riduzione delle emissioni e ha consentito alle persone di avere molto più tempo libero, d'altro canto questo ha avuto come effetto collaterale una significativa riduzione dei flussi di ricavi che, fino a qualche mese prima, andavano con continuità verso il settore dei servizi e dell'accoglienza. Si tratta di un indotto enorme costituito dagli operatori dei trasporti, dell'accoglienza e della ristorazione, settori che si sono trovati, e purtroppo ancora si trovano, in grossa difficoltà proprio a causa della consistente riduzione della domanda, al punto da dover essere aiutati con "ristori" ad hoc e decreti dedicati, in modo da scongiurarne la scomparsa imprenditoriale.

Quello che accade quindi è che numerosi fenomeni si verificano contemporaneamente, e non tutti vanno nella direzione ipotizzata della sostenibilità complessiva.

Molte aziende sono state in grado di attivare consistenti risparmi sui costi a causa dell'attivazione del remote working. Hanno smesso di consumare energia elettrica, riscaldamento, condizionamento, personale per la sicurezza e i servizi generali e, in taluni casi, hanno proprio rinunciato agli affitti di intere palazzine di uffici risparmiando anche sui canoni di locazione

Contemporaneamente si è avuta una diminuzione sensibile dell'impatto ambientale causato dal minore movimento delle persone e tutto il tempo di viaggio è stato trasformato, o almeno così avrebbe dovuto essere, in maggiore tempo libero per i lavoratori.

D'altro canto, abbiamo tutto l'indotto di servizi, che fino al periodo precedente era completamente a disposizione delle grandi quantità di lavoratori che passavano la loro giornata in ufficio, che è andato in enorme sofferenza, mettendo in condizioni di povertà milioni di famiglie nel mondo, causando il fallimento di milioni di piccole e medie imprese e generando impatti a catena sulle intere economie delle nazioni.

Non possiamo quindi affermare con certezza che quello che accade oggi con lo smart working, che è spesso basato su minore necessità di spostamenti, sulla possibilità di lavorare in luoghi e tempi che una volta sarebbero stati considerati inconsueti e tende a bilanciare al meglio la vita professionale con quella personale, abbia davvero impatti positivi sulla sostenibilità dell'interno sistema economico, ambientale e sociale in cui viviamo.

Da un lato meno spostamenti significano meno traffico, meno inquinamento e meno costi, dall'altro significano meno posti di lavoro per trasporti e servizi, con ricadute sociali non trascurabili.

Non è possibile quindi semplificare il concetto e dire che lo smart working contribuisce ad una società più sostenibile, perché semplicemente non è vero. Le variabili in gioco sono talmente tante che andrebbero analizzati gli impatti sulle singole componenti sociali. Non è purtroppo possibile, e sarebbe scorretto, utilizzare semplificazioni che prendano in considerazione soltanto una parte di queste.

Quello che è possibile fare è usare indicatori differenti e più circostanziati e valutare, per ciascuno di essi, quale potrebbe essere l'impatto dello smart working su questi indicatori.

A questo proposito ci vengono in aiuto i 17 obiettivi[63] di sviluppo sostenibile che compongono l'Agenda 2030.

Gli SDGs di Agenda 2030 e lo smart working

Gli obiettivi di sviluppo sostenibile, e tutti gli strumenti che nel tempo a questi sono stati affiancati, sono uno strumento fondamentale per misurare nel migliore dei modi l'impatto di un'iniziativa, di una scelta politica o imprenditoriale, sul mondo che avremo in futuro.

---

[63] unric.org/it/agenda-2030/

Le domande che dobbiamo porci sono: quello che sto per realizzare contribuisce a raggiungere i 17 obiettivi? In particolare, quali? In che modalità e in che tempi? Posso fare qualcosa anche per gli altri obiettivi?

È chiaro che, avendo 17 dimensioni di analisi e un numero enorme di indicatori, le cose si complicano ulteriormente, ma probabilmente l'analisi che si può fare sarà certamente di qualità migliore rispetto all'utilizzo delle più semplici tre direzioni di cui si parlava in apertura di capitolo.

Molti sono gli obiettivi direttamente impattati dallo smart working, proviamo ad analizzarli.

"Salute e Benessere" è un obiettivo che ha nello smart working uno straordinario alleato, è indubbio infatti che lavorare con modalità meno stressanti e più rispettose del tempo e della vita personale dei lavoratori ha impatti diretti sulla loro salute e su quella delle loro famiglie.

Così come "Lotta contro il cambiamento climatico" e "Città e comunità sostenibili", la necessità di spostarsi solo quando necessario contribuisce a combattere il cambiamento climatico non solo perché introduce meno anidride carbonica in atmosfera, ma anche perché nel tempo contribuisce a cambiare la cultura degli spostamenti e si inizia a ragionare sull'effettiva necessità di spostarsi e sulle altre possibilità offerte dalla tecnologia. Questo ha, come effetto collaterale, città meno inquinate, meno trafficate, meno stressanti e più vivibili.

Anche il tema del "Lavoro dignitoso e crescita economica" è impattato positivamente dallo smart working, anche se in questo caso bisognerebbe differenziare tra chi può realmente accedere a queste nuove modalità di lavoro e chi invece, a causa del lavoro che fa, non ha questa possibilità. Lo smart working introduce nuove modalità di relazione tra persone e aziende perché elimina in massima parte il limite geografico. Non avendo l'obbligo di recarsi fisicamente in un ufficio per lavorare, si ha la possibilità di eliminare dal contesto il luogo geografico in cui il lavoratore si trova. I lavoratori possono scegliere di lavorare per aziende dall'altra parte del mondo, privilegiando altri aspetti che non siano geografici, le aziende hanno la possibilità di assumere personale indipendentemente dal luogo in cui lavorerà e questo introduce nuove modalità di relazione tra aziende e lavoratori, con nuovi paradigmi salariali e di crescita professionale ed economica.

L'impatto dello smart working su "Imprese, Innovazione e Infrastrutture" è sicuramente positivo, le nuove modalità di lavoro introducono non soltanto una riduzione dei costi, ma attivano nuovi processi che in massima parte contribuiscono a migliorare le organizzazioni. Si pensi per esempio alla trasformazione digitale: un elemento fondamentale che spesso viene attivato grazie alla necessità di abilitare lo smart working, ma che poi si scopre avere impatti straordinari sull'intera organizzazione e sull'efficienza nella produzione.

Esistono poi obiettivi che non sono direttamente impattati dall'utilizzo dello smart working nelle organizzazioni, ma che possono in effetti trarne un vantaggio indiretto grazie al fatto che lo smart working consente di abbattere barriere, avere team più eterogenei, farsi contaminare da culture diverse da quelle a cui siamo solitamente abituati, e queste contaminazioni, come sappiamo, contribuiscono ad avere una cultura aziendale più aperta, più moderna e meno incline a certi retaggi del passato.

I grandi temi della "Parità di Genere" e di "Ridurre le Disuguaglianze", che potrebbero sembrare lontani dalle logiche organizzative, trovano invece proprio nei gruppi di lavoro delle aziende un terreno enormemente fertile per nascere, crescere e svilupparsi.

Certi atteggiamenti retrogradi e basati sull'ignoranza vengono, con il tempo, sempre più spesso messi da parte, proprio grazie all'enorme possibilità di abbattere le barriere con culture diverse, di attivare gruppi di lavoro eterogenei e di ottenere insieme grandi risultati professionali.

Spessissimo abbattere una distanza fisica, grazie all'utilizzo della tecnologia, consente di abbattere le barriere culturali e questo non può che fare bene a tutta la società, non soltanto all'organizzazione in cui si opera.

Questo, nel lungo periodo e a causa dei cambiamenti culturali che riesce a generare, può avere impatti indiretti anche sull'obiettivo "Pace, Giustizia e Istituzioni solide".

Lo smart working è quindi una nuova necessità, molte organizzazioni lo hanno scoperto loro malgrado, nella forma più semplificata di lavoro a distanza, a causa della pandemia, e in quel contesto hanno iniziato a comprendere i vantaggi, non soltanto economici, della sua adozione.

Quel che è certo è che, al netto delle contraddizioni e delle difficoltà di misurare concretamente i suoi impatti sulla sostenibilità nelle sue diverse articolazioni, la sensazione è che l'impatto complessivo sulla società abbia più vantaggi che svantaggi e che questi ultimi possano e debbano essere gestiti in modo diverso, per non dover rinunciare a una nuova modalità di lavoro che, se ben orchestrata e organizzata, è in grado certamente di rendere migliore il rapporto tra persone, lavoro e produttività.

Nota di ripubblicazione

Il tema della sostenibilità è centrale per il futuro dell'umanità, anche se a volte facciamo fatica ad accettarlo perché implica il ripensare il nostro modello di sviluppo. Lo smart working è una goccia nel mare, ma il mare è fatto di gocce.

LE TRE DIRETTRICI DI INVESTIMENTO DEL METAVERSO

In origine pubblicato su La Stampa il 15 ottobre 2022[64]

Intorno a noi c'è un po' di confusione sul concetto di Metaverso, e ci si divide tra quelli che dicono che "il metaverso non esiste e non esisterà mai!" e altri che dicono "la nostra vita si sposterà integralmente nel metaverso!"

Ovviamente le cose sono molto diverse, ho provato a fare chiarezza in un intervento al Festival del Metaverso che si è tenuto a Torino a ottobre 2022, è disponibile un mio articolo completo[65] e anche i video dell'intervento.

Nel frattempo, il mondo, soprattutto quello del business, va avanti, e il mercato complessivo potenziale legato ai prodotti e ai servizi all'interno dell'ecosistema del Metaverso è destinato a crescere dai 47 miliardi di dollari attuali ai 679 miliardi di dollari nel 2030. Una crescita impressionante di circa quindici volte in meno di otto anni.

All'interno di un mercato dal potenziale così interessante, è una buona idea cercare di comprendere dove le grandi aziende stanno investendo oggi, perché questi investimenti non seguono i trend, ma contribuiscono a generarli e, ovviamente, influenzano l'intero settore nel medio e lungo periodo.

Le direttrici attualmente più interessanti sono tre: nuove famiglie di dispositivi, nuove tipologie di applicazioni, una verticalizzazione importante sul gaming.

---

[64] https://www.lastampa.it/tecnologia/blog/futuri-possibili/2022/10/30/news/le_tre_direttrici_di_investimento_del_metaverso-372220935/

[65] https://www.massimocanducci.eu/2022/10/12/cosa-ho-detto-al-festival-del-metaverso-2022/

Nuove famiglie di dispositivi

Se seguite quello che scrivo da anni, sapete che credo che il futuro, anche all'interno del contesto del metaverso, sarà veicolato in grande maggioranza dalla realtà aumentata e non, come si tende a pensare oggi, esclusivamente dalla realtà virtuale.

La realtà virtuale consente il distacco completo dalla realtà fisica e, di conseguenza, permette esperienze immersive complete e, quando le tecnologie saranno sufficientemente evolute, permetterà anche una qualità molto buona dell'esperienza, rendendo fruibili molte nuove tipologie di utilizzo delle applicazioni, come l'acquisto in negozi virtuali, l'accesso a contenuti come film, serie TV o concerti, le riunioni di lavoro a distanza. Il gaming, come vedremo più avanti, è uno dei filoni applicativi che sta trainando il mercato perché l'esperienza di gioco in un mondo virtuale è molto appagante.

Tuttavia, per ottenere questo tipo di esperienza, in modo davvero fruibile, serviranno grandi capacità di calcolo e una buona dotazione di applicazioni e servizi, inoltre non è pensabile che si possano passare molte ore all'interno delle applicazioni di realtà virtuale. La nostra vita, fortunatamente, rimarrà in massima parte collegata alla realtà fisica.

La realtà aumentata, al contrario, consente di aggiungere informazioni, contenuti e servizi inserendoli direttamente all'interno del nostro campo visivo e questo facilita enormemente l'accesso a nuove tipologie di applicazioni.

Il problema è che oggi siamo ancora vincolati alla fruizione di questi servizi attraverso smartphone e tablet e questo limita fortemente la qualità dell'esperienza che si può ottenere dalle singole applicazioni.

Per questo molti produttori stanno lavorando a nuove famiglie di dispositivi, i cosiddetti smart glasses, che un giorno avremo tutti davanti agli occhi e che ci consentiranno di avere a portata di sguardo tutte le applicazioni e i servizi che oggi siamo abituati ad avere all'interno del nostro smartphone.

Avevo parlato un po' più in dettaglio di smart glasses in un articolo[66] dedicato e, naturalmente, all'interno del mio libro Vite Aumentate[67].

Nel tempo siamo passati dal telefono fisso al telefono cellulare, facendo nei fatti sparire il primo dalle nostre case. Poi siamo passati dal telefono cellulare allo smartphone e, anche in questo caso, il telefono cellulare è sostanzialmente sparito. Lo stesso accadrà quando i servizi e le applicazioni si sposteranno del tutto sugli smart glasses: lo smartphone sparirà, perché non ne avremo più bisogno. Tutto quello che ci servirà sarà all'interno del nostro campo visivo, non avremo più bisogno di una pesante appendice con

---

[66] https://www.massimocanducci.eu/2022/09/28/un-altro-passo-verso-gli-smart-glasses-per-tutti/

[67] https://www.amazon.it/Vite-aumentate-Massimo-Canducci/dp/8835118832/

schermo minuscolo e che non consente di avere le mani libere.

La progettazione e realizzazione di queste nuove famiglie di dispositivi è sicuramente una delle prime direttrici su cui si stanno orientando e si orienteranno in futuro gli investimenti all'interno del grande ecosistema del metaverso.

Molte grandi aziende come Qualcomm, Meta, Microsoft, Apple, Xiaomi hanno linee di ricerca dedicate e qualcuna di queste ha anche già qualche prodotto sul mercato.

Nuove tipologie di applicazioni

Quello che accade sulla rete in un minuto è davvero impressionante, si va dai quasi sei milioni di ricerche su Google ai 238.000 dollari spesi su Amazon. Dalle 452.000 ore di streaming su Netflix ai 167 milioni di video visualizzati su TikTok. Tutto questo in un singolo minuto.

L'avvento delle tecnologie collegate al grande ecosistema del metaverso, con l'inserimento di nuove modalità di fruizione come la realtà virtuale e, soprattutto, la realtà aumentata, cambierà completamente le regole del gioco.

Innanzi tutto, perché, oggi, chi offre servizi tradizionali che si appoggiano alla rete internet, in breve tempo avrà a disposizione nuovi canali su cui posizionarli: mondi virtuali per esperienze immersive oppure applicazioni per smart glasses abilitare esperienze di realtà aumentata.

Inoltre, è bene considerare che la semplice disponibilità di nuove modalità di fruizione, stimolerà la nascita di nuove applicazioni e nuovi servizi che non potrebbero essere rese disponibili e utilizzate in modo diverso.

Pensate, per esempio, a quello che è accaduto con Pokémon Go, un videogioco di tipo free-to-play per dispositivi mobili e basato su realtà aumentata e geolocalizzazione. Senza la disponibilità di smartphone dotati di fotocamera e antenna GPS, un'applicazione del genere non avrebbe avuto alcun significato; invece, ha impiegato soltanto 19 giorni per raggiungere i 50 milioni di utenti nel mondo. Pokémon Go nel 2021 ha realizzato 1,21 miliardi di dollari di ricavi e ha coinvolto 71 milioni di utenti.

L'aumento della disponibilità di caschetti per la realtà virtuale introdurrà nuovi canali di vendita per negozi, catene del lusso, marchi di moda o anche semplici centri commerciali. All'interno di questi negozi virtuali sarà possibile comprare prodotti fisici o asset digitali. Nel primo caso saremo di fronte a una evoluzione immersiva di quello che oggi sono le piattaforme tradizionali di e-commerce; invece, nel secondo caso potremo acquistare contenuti digitali da utilizzare all'interno della stessa piattaforma oppure da trasportare in altre applicazioni del metaverso per poter godere dell'esperienza con altre cerchie di contatti. In questo secondo caso gli NFT (Non Fungible Tokens) giocheranno un ruolo primario e fondamentale. Allo stesso modo esistono enormi potenzialità su tutti i mercati: dal turismo alle applicazioni industriali, dalla telemedicina alla fruizione di contenuti in modalità completamente nuova.

Tuttavia, ancora una volta, le cose più interessanti arriveranno dalla realtà aumentata. La disponibilità di nuovi dispositivi indossabili, come gli smart glasses, consentirà di individuare nuove modalità con cui rendere disponibili le applicazioni e i servizi che usiamo quotidianamente, dalle piattaforme social alla ricerca di punti vendita o prodotti, dalla progettazione industriale all'arte, fino ad arrivare a esperienze turistiche completamente nuove.

La progettazione di nuove applicazioni, che si andranno ad affiancare alle esistenti, è sicuramente una delle direttrici di investimento più interessanti all'interno del grande ecosistema del metaverso.

Il gaming

Il gaming è un mondo straordinario, spesso conosciuto soltanto dagli appassionati e dai videogiocatori che, nel 2022, sono diventati circa 3 miliardi nel mondo.

In pratica quasi la metà di abitanti del pianeta Terra gioca ad un qualche videogame, spendendo talvolta molti soldi nell'acquisto dei giochi o nei gadget che possono essere comprati direttamente dentro alcuni videogame.

Alcuni di questi videogame basati su realtà virtuale sono dei veri e propri mondi da esplorare e, indipendentemente dalla trama del gioco, si possono utilizzare anche per altri scopi che nulla hanno a che fare con il gioco in sé.

A titolo di esempio si pensi a Fortnite, ormai la piattaforma viene utilizzata anche per ospitare concerti ed eventi, perché quello che conta è l'esperienza di immersività che è in grado di rendere disponibile agli utenti, non soltanto quello che gli utenti andranno a fare all'interno della piattaforma.

Gli investimenti in quest'ambito, quindi, dipendono da due fattori: innanzi tutto l'enorme numero di utenti e la dimensione gigantesca del mercato fanno ben comprendere che c'è ancora tantissimo spazio, anche per nuovi attori. In secondo luogo, la disponibilità sempre più concreta di visori per la realtà virtuale e, nel prossimo futuro, anche di quelli per la realtà aumentata, introduce la possibilità di inventare delle modalità di gioco completamente nuove, abilitate unicamente dalle nuove tecnologie disponibili.

Conclusioni

Siamo di fronte a un fenomeno, il metaverso, che coinvolgerà sempre più utenti, con bisogni molto diversi tra loro e disponibili a provare nuove modalità di accesso ad applicazioni, contenuti e servizi.

Alle modalità di interazione abilitate da realtà virtuale e realtà aumentata si aggiungeranno sempre più modalità di pagamento dei servizi attraverso token o criptovalute e sarà sempre più normale acquistare la proprietà di un oggetto digitale che si potrà spostare agevolmente da un'applicazione all'altra.

In questo senso sarà fondamentale lavorare non soltanto sulla fornitura di applicazioni verticali, ma anche e soprattutto sull'integrazione di queste nuove funzionalità con i sistemi informativi tradizionali delle aziende che saranno presenti in questo mondo e sull'interoperabilità tra mondi diversi.

Nuove modalità di accesso a contenuti, applicazioni e servizi per gli utenti finali, ed enormi spazi di business per aziende e specialisti, con la caratteristica che molte delle professionalità che serviranno non sono ancora state inventate.

Nota di ripubblicazione

Come scritto in precedenza in una nota a un altro capitolo: il concetto di metaverso espresso in origine da Mark Zuckerberg è finalmente mutato ed è diventato più realistico e ragionevole, andando nella direzione auspicata: quella di ecosistema.

Gli scenari di investimento prevedono fiumi di denaro nelle tecnologie coinvolte e nei nuovi modelli di business che potranno essere attivati grazie a nuove modalità di accesso a contenuti, applicazioni e servizi.

LA MEDICINA DI DOMANI
E IL METAVERSO

In origine pubblicato su Italian Tech il 18 novembre 2022[68]

Tecnologie in rapida evoluzione, come la realtà virtuale, la realtà aumentata e i gemelli digitali, avranno enormi impatti sul rapporto che in futuro l'essere umano avrà con il suo medico e, in termini più generali, con la sua salute e il suo benessere psicofisico. Il tutto all'interno del grande ecosistema del metaverso, un'interessantissima evoluzione potenziale di internet di cui ho parlato in modo più approfondito in numerosi articoli e capitoli di questo libro.

La percezione che spesso si ha del rapporto con il medico è in uno spettro abbastanza ampio e dipende molto dalle esperienze che si sono vissute in passato: si va da situazioni di estrema eccellenza ad altre che, sfortunatamente, non sono state così soddisfacenti. Gran parte della differenza tra questi due estremi sta in due fattori fondamentali: la competenza del professionista e la disponibilità di tecnologie avanzate ed efficienti.

Sul primo di questi fattori, la competenza del medico, c'è ben poco da fare, si tratta di saper scegliere il professionista adeguato alle nostre necessità.

Il secondo fattore, invece, mette in evidenza un fatto rilevante: più c'è disponibilità di tecnologia dedicata alla sanità, più è rilevante l'impatto sulla salute della popolazione, sia in termini di prevenzione che dal punto di vista della diagnosi e dell'individuazione della corretta terapia.

Anche in questo campo, come in molti altri, non è sufficiente concentrarsi sull'impatto che è possibile ottenere oggi dalle tecnologie attuali, perché la

---

[68] italian.tech/blog/futuri-possibili/2022/11/18/news/la_medicina_di_domani_e_il_metaverso-375123276/

vera innovazione si otterrà in futuro con le tecnologie che oggi sono emergenti, oppure con l'evoluzione significativa di quelle che oggi sono abilitanti.

Rimanendo all'interno del perimetro delle tecnologie che abiliteranno l'ecosistema del metaverso, ci sono alcuni scenari molto interessanti che si intravedono all'orizzonte e sulle cui tecnologie di base si stanno concentrando moltissimi investimenti nel mondo, abbiamo quindi la possibilità di iniziare a progettare nuovi servizi, avendo l'accortezza di concepirli in modo che al centro dell'ecosistema ci siano gli attori giusti, il medico e il paziente, e non le tecnologie che, come al solito, sono semplicemente uno straordinario fattore abilitante.

La formazione del medico con la realtà virtuale

Inutile rimarcare come la formazione in ambito sanitario sia un elemento di straordinaria importanza. In generale avere un professionista preparato è sempre meglio che averlo impreparato, ma se il professionista deve fare una diagnosi, indicare una terapia o fare un intervento chirurgico, è chiaro che l'asticella della competenza necessaria si alza di molto. Chiunque sia passato su un tavolo operatorio immagino possa essere d'accordo.

Una straordinaria evoluzione della formazione tradizionale in ambito medico sarà presto abilitata da tecnologie come la realtà virtuale e la realtà aumentata. La possibilità di vedere in prima persona il funzionamento del corpo umano nei suoi minimi dettagli, poterne studiare tutte le caratteristiche, comprenderne le possibili patologie in tutte le loro fasi evolutive e capire come farmaci o terapie possono aiutare la guarigione o alleviare i sintomi, sono tutti fattori che aumentano notevolmente l'impatto ottenibile dalla formazione. La possibilità di entrare all'interno di un corpo umano virtuale e comprenderne i meccanismi, da quelli più semplici a quelli più complessi, sarà un'opportunità straordinaria che verrà concessa tra qualche anno a chiunque, a cominciare naturalmente da chi dovrà far tesoro di quella formazione per la sua professione: il medico.

Ecco quindi che si aprirà presto un nuovo mercato basato sulla realizzazione di tutti quei contenuti, applicazioni e servizi in grado di abilitare questo tipo di formazione: dai mondi virtuali generici del corpo umano, a piattaforme specialistiche dedicate a singoli apparati o singole patologie, fino ad arrivare a completi ambienti virtuali in grado di simulare totalmente, anche grazie ad algoritmi di intelligenza artificiale, le modalità con cui una certa patologia reagisce a farmaci e trattamenti.

Non solo tecnologia di base, quindi, ma anche e soprattutto contenuti, applicazioni e servizi, con la possibilità di attivare una "creator economy" anche in ambiti specialistici e professionistici come questo.

La visita al paziente con la realtà aumentata

Durante la pandemia da Covid-19 molti medici hanno iniziato a effettuare visite in modalità virtuale, utilizzando per lo più i classici strumenti di videoconferenza. È chiaro che non si tratta propriamente di visite mediche, che con tutta probabilità avrebbero bisogno di contatto fisico e di un'empatia che difficilmente si può replicare in un ambiente di quel tipo, ma per alcune modalità di colloquio, in cui non sia strettamente necessaria una vera visita, si tratta in effetti di un'ottima soluzione.

È chiaro che, in ogni caso, la visita in presenza rimane quasi sempre la soluzione migliore.

In futuro questo tipo di esperienza potrà essere ancora più efficace perché, grazie alla realtà aumentata, il nostro medico potrà avere, all'interno del suo campo visivo, tutti i dati che ci riguardano, senza doverli andare a cercare sul suo computer, ma semplicemente guardandoci attraverso i suoi smart glasses.

Oltre a mostrare tutti i dati rilevanti, questi strumenti saranno in grado anche di avvisare il medico nel caso in cui non seguiamo in modo scrupoloso la terapia o nel caso in cui i nostri dispositivi indossabili abbiano rilevato qualche dato anomalo tra i nostri parametri vitali o tra i nostri comportamenti. In pratica: se il medico ci consiglierà di fare un certo tipo di attività fisica e noi saremo un po' pigri, il medico lo saprà senza nemmeno dovercelo chiedere.

Questo, unito a tutti i parametri vitali raccolti dai dispositivi indossabili, fornirà al medico un quadro straordinariamente chiaro della nostra situazione clinica e gli consentirà di migliorare sensibilmente la sua capacità diagnostica e anche quella di indicare correttamente la terapia più adeguata.

Tutti questi dati, raccolti da varie fonti, consentiranno in futuro di realizzare un vero e proprio "gemello digitale" del paziente, una piattaforma basata sui dati e in grado di simulare buona parte del corpo umano di quel singolo paziente, e che sarà in grado di aumentare moltissimo la prestazione del medico, a tutto vantaggio della nostra salute e della nostra longevità.

Anche in questo campo, oltre alla tecnologia, ci sono enormi spazi di crescita per la realizzazione di applicazioni, contenuti e servizi, sia nel campo della raccolta dati, che in quello dell'analisi attraverso algoritmi di intelligenza artificiale, fino ad arrivare a modalità innovative di mostrarli al medico e al paziente.

L'interazione tra essere umano e macchina, soprattutto nel caso della realtà aumentata del futuro, sarà oggetto di moltissimi studi e sperimentazioni, perché i modelli relazionali che utilizziamo oggi con i dispositivi che abbiamo a disposizione, saranno semplicemente inefficaci.

L'intervento chirurgico aumentato

La chirurgia è un'attività in cui la tecnologia, da molti anni, gioca un ruolo fondamentale.

I robot chirurgici, come lo straordinario Da Vinci, sono macchine incredibili in grado di migliorare considerevolmente il lavoro del chirurgo e inoltre, procedendo in questa direzione, il chirurgo dovrà ampliare enormemente le sue competenze per poter sfruttare al meglio le macchine che progressivamente gli verranno messe a disposizione.

Anche in caso di chirurgia tradizionale, tuttavia, nel prossimo futuro avremo impatti sempre più rilevanti generati dalle tecnologie a disposizione, in particolare a causa dell'utilizzo intelligente dei dati e alla possibilità di mostrarli in tempo reale al chirurgo direttamente all'interno del suo campo visivo.

In questo senso la realtà aumentata giocherà un ruolo fondamentale, il chirurgo avrà a disposizione smart glasses in grado di informarlo in tempo reale di ogni alterazione dei parametri vitali, e potrà accedere a tutte le informazioni necessarie per migliorare la propria prestazione, il tutto senza avere mai la necessità di distogliere lo sguardo dal campo operatorio.

Conclusioni

Si tratta di tecnologie già esistenti, ma oggi ancora non completamente pronte per essere utilizzate in ambienti così delicati e dove l'affidabilità completa del sistema è una caratteristica fondamentale, ma queste tecnologie evolvono in modo esponenziale e i loro impatti futuri saranno molto più rilevanti di quanto oggi siamo in grado di immaginare.

Nota di ripubblicazione

Come scritto in precedenza, il tema del metaverso, inteso come ecosistema di applicazioni e servizi fruiti attraverso nuove modalità, avrà una crescita considerevole da qua al 2030.

All'interno di questo grande ecosistema, la medicina del futuro avrà un grande spazio, sia dal punto di vista degli investimenti che da quello delle potenziali applicazioni.

La dimensione del mercato era valutata in 6.85 miliardi di dollari nel 2021, e si stima[69] che possa crescere fino a 72.10 miliardi di dollari nel 2030.

---

[69] https://www.globenewswire.com/en/news-release/2022/08/24/2503869/0/en/Metaverse-in-Healthcare-Market-Size-to-Hit-USD-72-10-Bn-by-2030.html

L'ECOSISTEMA DEL METAVERSO

Da "III Quaderno Scientifico della Fondazione Saccone"[70]
A cura di Alfonso Amendola e Edoardo Ghisolfi
Stratego Edizioni – Pagine 33 – 36.

Quando si sente parlare di Metaverso ci si trova spesso in un contesto estremamente polarizzato tra chi ritiene che "il metaverso non esiste e non esisterà mai", e chi, dall'altra parte dello spettro, ritiene invece che "tutti prima o poi confluiremo in un unico, grande metaverso in cui spostare buona parte della nostra vita".

L'uno e l'altro di questi estremi, come spesso accade, derivano da ragionamenti troppo legati al significato del termine originario, coniato nel 1992 dallo scrittore Neal Stephenson all'interno del romanzo cyber punk Snow Crash e ripreso successivamente da Mark Zuckerberg nel tentativo di risollevare le sorti di Facebook e facendolo confluire, nel tempo, all'interno di una piattaforma sociale nuova e interamente basata sulla realtà virtuale.

Queste polarizzazioni, sfortunatamente, non tengono conto della realtà estremamente mutevole in cui ci troviamo, in cui le tecnologie esponenziali hanno, e avranno sempre più in futuro, grande influenza sulle nostre vite, sia dal punto di vista di come la viviamo abitualmente, ma anche rispetto alla sua qualità, fino ad arrivare alla nostra salute e longevità.

Ragionando, invece, in modo più pragmatico e concreto, si può razionalizzare il termine "metaverso" e considerarlo una potenziale evoluzione di Internet che, grazie all'utilizzo di tecnologie abilitanti che esistono da molti anni, e che crescono in modo esponenziale in termini di impatto, cambierà completamente il modo in cui fruiremo di applicazioni,

---

[70] https://www.gruppostratego.it/iii-quaderno-scientifico-fondazione-saccone/

contenuti e servizi e il modo in cui ci relazioneremo con gli altri.

Queste tecnologie sono:

- la realtà virtuale e la realtà aumentata: che contribuiranno a realizzare le nuove modalità di fruizione di applicazioni, contenuti e servizi;
- le criptovalute: che abiliteranno politiche di decentralizzazione, consentiranno di operare transazioni di valore, di comprare beni e servizi, di ottenere la proprietà di asset digitali attraverso gli smart contract;
- l'intelligenza artificiale: che rappresenterà uno dei motori più rilevanti all'interno dei mondi virtuali o delle applicazioni basate su realtà aumentata.

Si tratta in molti casi di tecnologie che esistono da anni, è inevitabile quindi che i grandi player sul mercato stiano già lavorando da molto tempo a soluzioni basate su queste tecnologie abilitanti, indipendentemente dal momento storico in cui queste tecnologie sono state racchiuse all'interno del concetto più ampio di metaverso.

Non si tratta quindi di mondi immersivi e basati unicamente sulla realtà virtuale, al contrario si tratta di nuove modalità di accesso a contenuti e servizi e queste modalità saranno abilitate anche dalla realtà aumentata.

La realtà virtuale consente il distacco completo dalla realtà fisica e, di conseguenza, permette esperienze immersive complete e, quando le tecnologie saranno sufficientemente evolute, permetterà anche una qualità molto buona dell'esperienza, rendendo fruibili molte nuove tipologie di utilizzo delle applicazioni, come l'acquisto in negozi virtuali, l'accesso a contenuti come film, serie TV o concerti, le riunioni di lavoro a distanza. Il gaming, per esempio, è uno dei filoni applicativi che sta trainando il mercato perché l'esperienza di gioco in un mondo virtuale è molto appagante.

Tuttavia, per ottenere questo tipo di esperienza, in modo davvero fruibile, serviranno grandi capacità di calcolo e una buona dotazione di applicazioni e servizi, inoltre non è pensabile che si possano passare molte ore all'interno delle applicazioni di realtà virtuale. La vita, fortunatamente, rimarrà in massima parte collegata alla realtà fisica.

La realtà aumentata, al contrario, consente di aggiungere informazioni, contenuti e servizi inserendoli direttamente all'interno del nostro campo visivo e questo facilita enormemente l'accesso a nuove tipologie di applicazioni.

Il problema è che oggi siamo ancora vincolati alla fruizione di questi servizi attraverso smartphone e tablet e questo limita fortemente la qualità dell'esperienza che si può ottenere dalle singole applicazioni.

Per questo motivo, molti produttori stanno lavorando a nuove famiglie di dispositivi, i cosiddetti *smart glasses*, che un giorno avremo tutti davanti agli occhi e che ci consentiranno di avere a portata di sguardo tutte le applicazioni e i servizi che oggi siamo abituati ad avere all'interno del nostro smartphone.

Nel tempo siamo passati dal telefono fisso al telefono cellulare, facendo nei fatti sparire il primo dalle nostre case. Poi siamo passati dal telefono cellulare allo smartphone e, anche in questo caso il telefono cellulare è sostanzialmente sparito. Lo stesso accadrà quando i servizi e le applicazioni si sposteranno del tutto sugli *smart glasses*: lo smartphone sparirà, perché non ne avremo più bisogno. Tutto quello che ci servirà sarà all'interno del nostro campo visivo, non avremo più bisogno di una pesante appendice con schermo minuscolo e che non consente di avere le mani libere.

A dimostrazione di questo, si pensi che la progettazione e realizzazione di queste nuove famiglie di dispositivi è una delle prime direttrici su cui si stanno orientando e si orienteranno in futuro gli investimenti, da parte dei big player internazionali, all'interno del grande ecosistema del metaverso.

L'avvento delle tecnologie collegate al grande ecosistema del metaverso, con l'inserimento di nuove modalità di fruizione come la realtà virtuale e, soprattutto, la realtà aumentata, cambierà completamente le regole del gioco.

Innanzitutto, perché, oggi, chi offre servizi tradizionali che si appoggiano alla rete internet, in breve tempo avrà a disposizione nuovi canali su cui posizionarli: mondi virtuali per esperienze immersive oppure applicazioni per *smart glasses* per abilitare esperienze di realtà aumentata.

Inoltre, è bene considerare che la semplice disponibilità di nuove modalità di fruizione, stimolerà la nascita di nuove applicazioni e nuovi servizi che non potrebbero essere rese disponibili e utilizzate in modo diverso.

Pensate, per esempio, a quello che è accaduto con Pokémon Go, un videogioco di tipo free-to-play per dispositivi mobili e basato su realtà aumentata e geolocalizzazione. Senza la disponibilità di smartphone dotati di fotocamera e antenna GPS, un'applicazione del genere non avrebbe avuto alcun significato; invece, ha impiegato soltanto 19 giorni per raggiungere i 50 milioni di utenti nel mondo. Pokémon Go nel 2021 ha realizzato 1,21 miliardi di dollari di ricavi e ha coinvolto 71 milioni di utenti.

L'aumento della disponibilità di caschetti per la realtà virtuale introdurrà nuovi canali di vendita per negozi, catene del lusso, marchi di moda o anche semplici centri commerciali. All'interno di questi negozi virtuali sarà possibile comprare prodotti fisici o asset digitali. Nel primo caso saremo di fronte a una evoluzione immersiva di quello che oggi sono le piattaforme tradizionali di e-commerce; invece, nel secondo caso potremo acquistare contenuti digitali da utilizzare all'interno della stessa piattaforma oppure da trasportare in altre applicazioni del metaverso per poter godere dell'esperienza con altre cerchie di contatti. In questo secondo caso gli NFT (Non Fungible Tokens) giocheranno un ruolo primario e fondamentale. Allo stesso modo esistono enormi potenzialità su tutti i mercati: dal turismo alle applicazioni industriali, dalla telemedicina alla fruizione di contenuti in modalità completamente nuova.

Tuttavia, ancora una volta, le cose più interessanti arriveranno dalla realtà aumentata. La disponibilità di nuovi dispositivi indossabili, come gli smart glasses, consentirà di individuare nuove modalità con cui rendere disponibili le applicazioni e i servizi che usiamo quotidianamente, dalle piattaforme social alla ricerca di punti vendita o prodotti, dalla progettazione industriale all'arte, fino ad arrivare a esperienze turistiche completamente nuove.

Siamo di fronte a un fenomeno, il metaverso, che coinvolgerà sempre più utenti, con bisogni molto diversi tra loro e disponibili a provare nuove modalità di accesso ad applicazioni, contenuti e servizi.

Alle modalità di interazione abilitate da realtà virtuale e realtà aumentata si aggiungeranno sempre più modalità di pagamento dei servizi attraverso token o criptovalute e sarà sempre più normale acquistare la proprietà di un oggetto digitale che si potrà spostare agevolmente da un'applicazione all'altra grazie alle caratteristiche di interoperabilità delle varie applicazioni all'interno di questo grande ecosistema.

In questo senso sarà fondamentale lavorare non soltanto sulla fornitura di applicazioni verticali, ma anche e soprattutto sull'integrazione di queste nuove funzionalità con i sistemi informativi tradizionali delle aziende che saranno presenti in questo mondo e sull'interoperabilità tra mondi diversi.

Nuove modalità di accesso a contenuti, applicazioni e servizi per gli utenti finali, ed enormi spazi di business per aziende e specialisti, con la caratteristica che molte delle professionalità che serviranno, ancora non esistono.

Siamo all'inizio di una nuova rivoluzione che cambierà il nostro modo di accedere a contenuti, applicazioni e servizi e introdurrà modalità completamente nuove di interazione con gli altri. Dovremo porre qualche attenzione ai temi della privacy e del rispetto degli utenti, ma alla fine il mercato premierà le funzionalità davvero utili e che contribuiranno a semplificare le nostre vite.

Nota di ripubblicazione

Dopo due anni dall'annuncio della trasformazione di Facebook in Meta e dall'introduzione del termine "metaverso", finalmente inizia a essere chiara l'unica forma che potrà avere in futuro questo concetto, quella di ecosistema in grado di abilitare nuove modalità di interazione per applicazioni, contenuti e servizi.

ALGORITMI CHE PREVEDONO DOVE VERRÀ CALCIATO UN RIGORE

In origine pubblicato su Italian Tech il 18 novembre 2022[71]

Chi pensa che lo sport professionistico sia completamente analogico si sbaglia di grosso.

Da molto tempo, infatti, i giocatori in campo, in qualunque sport, producono un'enorme quantità di dati, talvolta rilevati da sensori indossati dagli stessi atleti, talvolta rilevati direttamente dall'esterno grazie all'utilizzo di sensori esterni e telecamere.

Questi dati sono utilissimi non soltanto per generare statistiche, ma soprattutto per massimizzare le prestazioni del singolo atleta e dell'intera squadra e naturalmente i risultati migliori si ottengono quando i dati vengono gestiti da algoritmi di intelligenza artificiale, in grado di arrivare a risultati enormemente superiori rispetto a quanto è possibile realizzare con algoritmi tradizionali.

Il primo utilizzo dell'intelligenza artificiale è proprio legato all'analisi delle prestazioni dei singoli giocatori durante le partite e gli allenamenti. È possibile analizzare comportamenti diversi del singolo giocatore in base alla squadra avversaria che affronta, all'avversario diretto che ha in campo, alle sue reali condizioni di salute. In questo modo è possibile aiutare gli allenatori a identificare gli aspetti del gioco sui cui il singolo giocatore deve lavorare per migliorare la sua prestazione ed è possibile anticipare situazioni critiche e migliorare la prevenzione degli infortuni.

---

[71] italian.tech/blog/futuri-possibili/2023/01/04/news/intelligenza_artificiale_calcio_rigori-382076836/

Quest'ultimo aspetto è particolarmente importante, innanzitutto per garantire la salute dell'atleta, ma anche per impedire che condizioni fisiche potenzialmente critiche possano non venire alla luce in tempo, aggravarsi progressivamente ed essere scoperte solo quando ormai sono gravi e necessitano di stop prolungati dai campi da gioco.

Mettendo insieme le condizioni di salute di tutti i giocatori e le prestazioni in diversi contesti, è possibile non soltanto schierare la migliore squadra possibile, ma anche creare programmi di allenamento migliori e personalizzati per ogni atleta, in modo da massimizzare le prestazioni individuali e quelle dell'intera squadra.

L'intelligenza artificiale può essere usata anche per individuare la formazione migliore sulla base del contesto, della squadra avversaria, delle sue prestazioni recenti, delle eventuali assenze di giocatori rilevanti e, durante il match, gli stessi algoritmi possono essere in grado di migliorare il lavoro dell'allenatore identificando la migliore tattica sulla base di quello che sta accadendo in campo, tutto questo grazie alla raccolta dei dati e alla loro elaborazione in tempo reale.

Anche alcune situazioni particolari di gioco, in teoria, potrebbero essere gestite direttamente dagli algoritmi.

Si pensi, per esempio, al momento in cui viene battuto un calcio di rigore: capire dove verrà calciato un rigore è una capacità propria del portiere, una questione di sensazioni, di feeling, di sguardi incrociati con il giocatore incaricato di tirare, di comprensione dei movimenti, del passo, della rincorsa, del modo di muovere le braccia.

Persino del movimento con cui il pallone viene posizionato sul dischetto.

Eppure, esistono algoritmi in grado di prevedere con una certa accuratezza dove verrà calciato il rigore, semplicemente analizzando in tempo reale i movimenti del tiratore, la preparazione, la rincorsa, il passo, come è possibile vedere in questo video[72].

Probabilmente la squadra in difesa sarebbe ben felice di poter utilizzare queste tecnologie per segnalare in qualche modo la direzione al portiere con qualche centesimo di secondo di anticipo.

L'utilizzo in campo di questi strumenti potrebbe fare la differenza tra un goal subìto e un calcio di rigore parato, tra una vittoria e una sconfitta e, in generale, tra un titolo conquistato e uno rimasto soltanto un sogno infranto e un obiettivo non raggiunto.

Resta da capire fin dove sarà consentito spingersi nell'utilizzo di queste tecnologie perché, anche se alcuni le considerano una normale applicazione

---

[72] https://www.youtube.com/watch?v=_gyHc4Dv4zs

di tecnologie avanzate allo sport, un po' come avviene in Formula 1, altri al contrario pensano che in questo modo il gioco stesso possa venire snaturato, il ruolo degli allenatori pesantemente ridimensionato e il ruolo dei giocatori sia ridotto a quello di semplici macchine imperfette da gestire al meglio fino a quando potranno essere direttamente sostituite da robot veri e propri.

Quello che è certo è che, anche in questo campo, siamo solo all'inizio.

Nota di ripubblicazione

La tecnologia all'interno del comparto sportivo è in grande evoluzione, per rendersene conto basta guardare in televisione qualche evento sportivo del passato e confrontarlo con quanto è disponibile oggi. La possibilità di raccogliere dati cresce costantemente nel tempo, così come la capacità di elaborarli per prendere decisioni sportive e di carattere medico.
Il solo comparto dell'intelligenza artificiale applicata allo sport crescerà[73] dagli 1,85 miliardi di dollari del 2023 ai 5,25 del 2027.

[73] https://www.thebusinessresearchcompany.com/report/ai-in-sports-global-market-report

Pezzi di Futuro

L'INTELLIGENZA ARTIFICIALE
E IL PENSIERO LATERALE

In origine pubblicato su La Repubblica il 18 gennaio 2023[74]

Da molti anni siamo abituati ad avere intorno a noi algoritmi basati su regole, sistemi che si comportano esattamente come dovrebbero e che rispondono in modo corretto alle nostre esigenze.

Si pensi per esempio a come funziona un bonifico bancario: inseriamo i dati richiesti e ci aspettiamo che il denaro venga spostato da un conto all'altro, il tutto perché i sistemi seguono regole precise con cui sono stati programmati. Può accadere che ci sia qualche malfunzionamento, ma si tratta di problemi che vengono individuati e risolti, in modo che il sistema torni a funzionare per come era stato concepito.

Con il tempo ci siamo abituati anche agli algoritmi di intelligenza artificiale, sistemi in grado di operare delle scelte in autonomia sulla base del contesto e di quello che la macchina è in grado di imparare grazie all'utilizzo che se ne fa.

La prossima canzone su Spotify, i prodotti consigliati su Amazon, la pubblicità sui social network, non sono affatto casuali, al contrario sono collegati ai nostri gusti, alle nostre preferenze, alla nostra propensione all'acquisto. Nulla è casuale, tutto è guidato da algoritmi che, giorno dopo giorno, imparano qualcosa di noi e che sono progettati per fornirci qualcosa che in qualche modo possa incontrare il nostro gusto o possa stimolare in noi la voglia di comprare qualcosa.

---

[74] https://www.repubblica.it/tecnologia/blog/futuri-possibili/2023/01/18/news/lintelligenza_artificiale_e_il_pensiero_laterale-384056016/

Più recentemente, con la disponibilità pubblica di strumenti come ChatGPT, anche i non addetti ai lavori hanno potuto sperimentare la generazione di testi complessi a partire da una base di conoscenza enorme, ottenendo un prodotto a volte di buona qualità realizzato grazie a un'ottima capacità di costruzione delle frasi. Questo ha consentito di avere contenuti tendenzialmente scritti molto bene, la cui qualità, seppur con dei limiti, appare buona, ma la cui veridicità è un mistero. Quest'ultimo punto dipende della base di conoscenza che, sfortunatamente, ha privilegiato la quantità alla qualità, incorporando quindi una parte di informazioni corrette e un'altra parte di informazioni completamente sbagliate.

Ne consegue che il risultato finale non potrà che essere impreciso e, in generale, non ci si potrà fidare dei contenuti prodotti, anche saranno scritti in modo molto convincente.

Fino a qui abbiamo visto algoritmi in grado di prendere decisioni basandosi unicamente su regole preimpostate in fase di programmazione, fino ad arrivare ad algoritmi in grado di scegliere basandosi su concetti e conoscenza acquisita in modo massivo e poi ad ogni successiva interazione.

In ogni caso l'obiettivo dell'algoritmo è sempre stato quello di risolvere i problemi assegnati prendendo decisioni all'interno di un preciso schema di riferimento, senza avere la libertà di affrontare il tema in modo completamente diverso o di sovvertire le regole di funzionamento.

Cosa accadrebbe invece se avessimo algoritmi in grado di utilizzare il pensiero laterale o di agire completamente al di fuori degli schemi prefissati per svolgere nel migliore dei modi i compiti che a loro sono stati assegnati?

Il pensiero laterale è una tecnica di pensiero umana che consiste nell'analizzare un problema da diverse prospettive, generare idee fuori dagli schemi e trovare soluzioni inusuali e innovative.

Si tratta quindi di qualcosa di molto lontano dalla logica di funzionamento di algoritmi a regole, in quel caso non esistono gradi di libertà, ma solo la sequenza chiara e incontestabile di cosa deve accadere in funzione delle condizioni al contorno.

Gli algoritmi basati su intelligenza artificiale tendenzialmente si basano su una gran quantità di dati presenti nella base di conoscenza, ma l'obiettivo per la rete neurale è trovare una corrispondenza con uno degli schemi risolutivi che la macchina conosce come validi; quindi, molto spesso il lavoro di questi algoritmi si limita a individuare soluzioni ragionevoli e all'interno di insiemi di risoluzioni valide.

Anche in questo caso quindi, nonostante la presenza di reti neurali e grandissime quantità di dati, molto spesso quello che si ottiene sono soluzioni piuttosto tradizionali.

Se volessimo davvero sfruttare le enormi potenzialità degli algoritmi basati su intelligenza artificiale dovremmo proprio muoverci all'interno del contesto del pensiero laterale, cercando di liberare alcuni vincoli e consentire alla macchina di proporre soluzioni completamente impensabili, come avviene in questo video[75] divertente disponibile su YouTube.

Questo ci pone di fronte alla possibilità che le soluzioni siano tecnicamente inapplicabili, ma è il rischio che è necessario correre quando si cerca di alzare il livello di innovatività di un sistema.

Da un lato potremmo avere soluzioni davvero innovative in molti ambiti di applicazione, dalla finanza, alla sanità, alle logiche di produzione e vendita, al marketing, ma dall'altro avremmo il rischio di ottenere soluzioni completamente inapplicabili perché illegali, perché non compatibili con alcuni vincoli preesistenti o, semplicemente, perché non opportune o non coerenti con i nostri principi etici e morali.

Pensate per esempio a una macchina che, pur di vincere ad un gioco qualunque, decida di barare, pur correndo il rischio di essere scoperta. Con il tempo potrebbe imparare a barare meglio, fino ad affinare questa sua caratteristica e trasformarla in una capacità a sua disposizione. D'altra parte, se l'obiettivo è vincere la partita, le regole potrebbero diventare meno importanti.

Allo stesso modo potremmo avere algoritmi finanziari in grado di spostare ricchezza con delle logiche magari più efficienti, ma illegali.

Oppure potremmo avere macchine, a cui abbiamo chiesto di aiutare l'essere umano nel preservare meglio il pianeta Terra fornendo soluzioni per abbattere le emissioni di anidride carbonica e l'inquinamento, che potrebbero ritenere un'ottima idea l'estinzione del genere umano che, lo sappiamo benissimo, è la principale causa del problema.

La macchina avrebbe trovato "tecnicamente" un'ottima soluzione, resta da capire se al genere umano una soluzione di questo tipo possa andar bene.

Nota di ripubblicazione

A distanza di meno di un anno, gli algoritmi di AI che abbiamo a disposizione hanno fatto passi da gigante e, anche se il tema del pensiero laterale è di tipo filosofico e non tecnico, la sensazione che a volte abbiamo utilizzandoli è che siano in grado di esprimere forme di creatività meno meccaniche e più laterali. Non dobbiamo dimenticare, tuttavia, che il pensiero laterale ha bisogno di comprensione del contesto, una cosa che, almeno per il momento, le macchine non possono avere.

---

[75] https://www.youtube.com/shorts/aqIrRXZrJ3s

I SERVIZI GIUSTI PER I SOCIAL NETWORK
A PAGAMENTO DEL FUTURO

In origine pubblicato su Agendadigitale.eu il 20 marzo 2023[76]

Modelli di business che non funzionano più

Da molti anni siamo abituati a moltissimi servizi "gratuiti" sulla rete: caselle di posta elettronica, spazi di archiviazione per i nostri documenti, accesso a piattaforme di varia natura e, naturalmente, i social network.

Come ben sappiamo non si tratta in realtà, salvo rarissimi casi, di piattaforme davvero gratuite, ma in massima parte di servizi che utilizzano i nostri dati, i nostri contenuti e le nostre connessioni, con l'obiettivo di costruire profili commerciali che vengono poi utilizzati per erogarci pubblicità mirata.

Questo tipo di pubblicità ha un valore molto più alto di quella generica perché, andando a lavorare sui nostri interessi e sulla nostra capacità di spesa, è molto più probabile che un annuncio pubblicitario si converta davvero in un acquisto; quindi, gli spazi pubblicitari potranno essere venduti a prezzi più alti e le percentuali di conversione potranno essere a loro volta utilizzate per affinare gli stessi nostri profili commerciali. Si tratta di una macchina molto ben organizzata che negli anni ha consentito a grandi piattaforme social, come Facebook, Instagram, Snapchat e Twitter, di diventare le aziende enormi che oggi tutti conosciamo.

Oggi però le condizioni sono cambiate.

---

[76] https://www.agendadigitale.eu/cultura-digitale/i-social-del-futuro-a-pagamento-ecco-i-servizi-che-ci-convincerebbero-a-spendere/

Moltissimi utenti navigano sulla rete con filtri che limitano moltissimo il tracciamento e questo impoverisce la qualità degli algoritmi che diventano meno precisi, di conseguenza la pubblicità viene inviata a target più generici, funziona peggio e si converte meno in acquisti, causando una inevitabile riduzione del suo valore. In certe condizioni, come per esempio la tradizionale navigazione su internet, la pubblicità non viene mostrata all'utente, in questo modo il suo valore si azzera del tutto.

Anche da dispositivi mobili la situazione si è fatta molto critica: Apple qualche mese fa ha cambiato[77] le regole per tutte le app presenti nel suo App Store, imponendo che ogni applicazione richieda esplicitamente all'utente il consenso di tracciare i comportamenti e di raccogliere dati che possano successivamente essere utilizzati a scopo commerciale. È chiaro che la maggior parte degli utenti, di fronte alla specifica richiesta di autorizzazione, sarà più propensa a non concederla visto che si tratta di una richiesta che non limita in alcun modo l'accesso ai servizi offerti dall'applicazione.

Ecco, quindi, che moltissime piattaforme hanno iniziato a tagliare i costi partendo dal taglio dei dipendenti. Meta ha licenziato complessivamente ventiduemila dipendenti negli ultimi cinque mesi, riducendo la forza lavoro di circa il 25%. Anche Twitter, dopo l'acquisizione da parte di Elon Musk, ha ridotto la forza lavoro di circa il 50% e molte altre Big Tech non sono state a guardare[78] e hanno effettuato massicci tagli di organico.

Nuovi servizi a pagamento

Oltre al taglio dei costi le piattaforme hanno iniziato a ragionare nella ricerca di nuove fonti di ricavi, in particolare mettendo in vendita servizi a pagamento. Ha iniziato Twitter con la spunta blu a pagamento all'interno del pacchetto di servizi Twitter Blue, successivamente è seguita Meta con l'annuncio della prossima vendita della spunta blu anche sulle sue piattaforme. Anche Snapchat ha deciso di andare in questa direzione, mettendo in vendita alcuni "contenuti esclusivi, sperimentali e funzionalità in anteprima" per gli utenti che accettino di pagare il pacchetto Snapchat+.

Il problema è che questi pacchetti a pagamento, per come sono oggi concepiti, in realtà offrono servizi sostanzialmente inutili e non sono quelli di cui gli utenti avrebbero davvero bisogno per migliorare un po' l'esperienza di utilizzo di queste piattaforme.

Vediamo invece quali sono i tre servizi che davvero farebbero la differenza e forse potrebbero convincere le persone a comprare un pacchetto a pagamento su queste piattaforme.

---

[77] https://support.apple.com/it-it/HT212025

[78] https://www.agendadigitale.eu/mercati-digitali/licenziamenti-big-tech-la-rivoluzione-digitale-entra-in-una-nuova-fase-cosa-aspettarsi-ora/

La spunta blu e la verifica

Il significato storico e teorico della spunta blu sui social network è chiarissimo: se ce l'hai sei un personaggio pubblico oppure un giornalista, se non ce l'hai sei un utente normale e non necessariamente famoso. In realtà le piattaforme hanno sempre fatto molta confusione sulla reale applicazione di questa semplice regola, Twitter per esempio ha cambiato più volte le sue linee guida interne, e non è mai riuscita a rispettarle, creando solo ulteriore confusione.

Il fatto di rendere la spunta blu a pagamento, nei fatti, distruggerà il significato stesso della spunta.

Non sarà più, infatti, l'indicatore di un personaggio pubblico che, si suppone, potrebbe avere qualcosa di interessante da comunicare, ma diventerà semplicemente l'indicatore di un utente che ha deciso di pagare un abbonamento. Un'informazione che non significa nulla.

Tra l'altro in alcuni casi la spunta blu si può ottenere senza nemmeno la verifica dell'identità tramite un documento, ma delegandola all'utilizzo di una carta di credito, rompendo quello schema a cui eravamo abituati e secondo cui a un certo account verificato corrispondesse una persona in carne e ossa in qualche modo identificabile.

Insomma, siamo di fronte al peggioramento di un sistema che già prima non è che brillasse proprio per chiarezza e trasparenza.

Il senso della spunta blu, al contrario, dovrebbe essere diverso: la garanzia che quell'account rappresenti in effetti un utente verificato, di cui si conosce con certezza l'identità perché è stata accertata direttamente come vera dalla piattaforma. Indipendentemente dallo status di personaggio pubblico o di utente pagante.

Questa impostazione ci consentirebbe di essere certi di comunicare sui social con una persona reale e di cui si conosce l'identità. Non un bot, non un account fake e non una Fragolina46 qualunque.

Se si decidesse di generare ricavi da questa funzionalità non sarebbe un problema, questo potrebbe essere uno dei servizi facoltativi a disposizione unicamente degli utenti paganti, scollegando la relazione diretta tra pagamento e verifica senza reale controllo dell'identità, cosa che non ha alcun senso.

La rete verificata

Una delle funzionalità più interessanti da introdurre a questo punto sarebbe la rete verificata: gli utenti verificati potrebbero avere una vista della loro timeline, composta unicamente da altri utenti verificati. Allo stesso modo i loro contenuti potrebbero essere introdotti nella piattaforma con la limitazione di essere accessibili unicamente da account la cui identità sia stata verificata.

In questo modo si creerebbe una sorta di sottorete verificata, un sottoinsieme della rete globale, in grado di tagliare fuori tutti i bot, gli account fake, gli haters e chiunque decida di non verificare il proprio account.

La principale critica che in passato mi è stata portata rispetto a questa idea è il fatto che in questo modo si creerebbe una sorta di social network di serie A, con gli account verificati che discutono tra loro, e uno di serie B, con tutti gli altri utenti. Ne sono consapevole, ma il rumore di fondo generato da bot, haters e account fake è proprio uno dei fattori che tendono a tenere lontane molte persone da queste piattaforme.

Chi vuole accedere alla verifica lo faccia, chi non vuole non lo faccia, ma non si costringa nessuno a dover necessariamente avere relazioni con chi non si desidera.

È chiaro che la verifica non è garanzia di qualità dei contenuti o di un approccio educato e propositivo, i social sono pieni di account verificati con cui non vorremmo avere nulla a che fare, ma con la rete verificata le persone avrebbero una possibilità in più per scegliere con chi condividere i contenuti e da chi avere commenti e feedback.

Una reach non filtrata da algoritmi

Quando i social sono nati ci hanno fatto una promessa: connetterci con le persone e fare in modo che i nostri contenuti (aggiornamenti di stato, tweet, immagini, ecc.) potessero essere accessibili a tutti i nostri "amici", "contatti" o "follower".

Così non è. Forse lo era nei primissimi tempi, ma sicuramente non lo è più da un pezzo.

Oggi ci sono specifici algoritmi che determinano la reach dei nostri contenuti, cioè il numero di individui o account unici che hanno la possibilità di vedere nella loro timeline quello che scriviamo sui social network, e la cosa interessante è che il loro obiettivo è limitare il più possibile la reach fisiologica per incentivare i creator a sponsorizzare i propri contenuti, se vogliono farli vedere a più persone.

Insomma, quello che dovrebbe essere un comportamento normale, cioè il fatto che i nostri contenuti vengano mostrati a tutti quelli che decidono di seguire i nostri aggiornamenti, è in realtà un risultato impossibile da ottenere, a meno di scegliere di pagare per ottenere un po' di visibilità in più.

Insomma, già oggi la vecchia promessa delle piattaforme social è pura utopia, soltanto una piccolissima percentuale di quello che pubblichiamo raggiunge chi ha liberamente scelto di seguirci e di fruire dei nostri contenuti. Il resto delle timeline è infestato da pubblicità, contenuti sponsorizzati che nulla hanno a che fare con chi abbiamo scelto di seguire e contenuti di utenti che non abbiamo scelto di seguire, ma che l'algoritmo ha deciso che sono "per noi".

In sintesi: invece di farci vedere quello per cui ci siamo iscritti, le piattaforme ci propongono tutt'altro e ci nascondono proprio i contenuti che vorremmo vedere. Un paradosso guidato dalla necessità di aumentare i grafi sociali e i ricavi a essi collegati.

A titolo di esempio si può considerare questo retweet[79] di John Gruber e questo toot[80] su Mastodon dello stesso autore a distanza di pochi minuti.

John Gruber, scrittore e blogger statunitense, su Twitter ha 362.000 follower, il suo tweet ha avuto un decimo di interazioni rispetto al suo toot, ma su Mastodon Gruber ha un decimo dei follower rispetto a quanti ne ha su Twitter.

Questo significa che Mastodon, che non applica algoritmi di restrizione della reach ai contenuti degli utenti, consente di raggiungere un numero 100 volte superiore di follower.

In altre parole, Twitter mostra i nostri contenuti al 1% dei nostri follower. Quanta generosità.

Uno dei servizi a pagamento che davvero molti utenti apprezzerebbero, soprattutto i creatori di contenuti, è la possibilità di essere esclusi dagli algoritmi di limitazione della reach, con la garanzia che i contenuti prodotti vengano messi a disposizione di tutti i follower.

Una cosa di una semplicità disarmante, che per molti avrebbe davvero un senso pagare.

Tre cose semplici che aumenterebbero la qualità dell'interazione tra persone all'interno delle piattaforme, non paragonabili con le funzionalità che oggi vengono proposte, come la modifica dei tweet, l'icona di un colore diverso, la spunta per sembrare una persona famosa, un migliore servizio clienti.

Le persone vogliono qualità nella comunicazione, vogliono non essere obbligate a confrontarsi con gli hater e con l'anonimato (anche se questo deve sempre e comunque essere garantito), se sono creatori di contenuti vogliono che quello che producono venga visto dalla maggior parte possibile di persone.

Queste sono funzionalità che molti pagherebbero volentieri.

---

[79] https://twitter.com/daringfireball/status/1631051443921715201

[80] https://mastodon.social/@gruber/109950258857741359

Nota di ripubblicazione

Come scritto in precedenza in una nota relativa a un altro capitolo: il concetto di "social gratuito" ha cominciato a scricchiolare e ormai chi utilizza account gratuiti ha, nei fatti, delle limitazioni rispetto a chi utilizza gli account premium.

Purtroppo, contrariamente a quanto auspicato in questo articolo, i servizi offerti a pagamento sono scadenti e poco attrattivi per gli utenti.

Come risultato c'è il fatto che Elon Musk nell'agosto 2023 ha candidamente ammesso che X (una volta chiamato Twitter) potrebbe fallire perché il modello di business su cui si basa è insostenibile.

Il modello basato sulla pubblicità si è sostanzialmente esaurito e per queste grandi piattaforme, che usano pesantemente i nostri dati, è molto difficile trovare modelli di business alternativi e servizi premium che siano attrattivi per gli utenti.

6

NON HO NIENTE DA NASCONDERE

In origine pubblicato su massimocanducci.eu il 2 aprile 2023[81]

Il mutuo

Il direttore della filiale li aspettava nel suo ufficio un po' buio e polveroso, con pile di documenti sulla scrivania e un personal computer in un angolo.

"Prego, accomodatevi!"

"Grazie direttore, le presento mia moglie Anna", disse Marco, e continuò mentre i due si stringevano la mano con un cenno di intesa: "come le dicevo al telefono vorremmo comprare casa, quella dove siamo adesso in affitto sta per diventare piccola o, per essere più precisi, è la famiglia che sta per allargarsi".

Un sorriso sincero fece capolino sul viso del direttore, Marco e Anna lo colsero e lo apprezzarono, era come poter condividere un po' della loro gioia con altre persone, anche se a tutti gli effetti il direttore della filiale era un perfetto estraneo. Loro erano lì soltanto per negoziare le condizioni di un mutuo e per poter comprare una nuova casa per la loro famiglia.

Il direttore chiese se avessero portato tutti i documenti necessari a istruire la pratica, Marco e Anna avevano tutto: perizia della nuova casa con il valore stimato, redditi di entrambi, eventuali garanzie aggiuntive e tutte quelle scartoffie che sono necessarie in questi casi.

Il direttore analizzò velocemente i documenti e disse: "Bene, sembra che sia tutto a posto, adesso proviamo a mettere tutto nel computer e vediamo che tipo di condizioni possiamo offrirvi".

---

[81] https://www.massimocanducci.eu/2023/04/02/non-ho-niente-da-nascondere/

Dopo una decina di minuti trascorsi a battere sui tasti del suo computer, il Direttore si fermò, si prese il mento con la mano destra, appoggiò il gomito tra sé e la tastiera del suo computer e fissò per qualche interminabile secondo lo schermo. La mimica facciale lanciava messaggi altalenanti, un po' di preoccupazione, un po' di timore di avere sbagliato qualcosa nell'inserire i dati, ma anche una strana sensazione: la paura di deludere un cliente.

Infine, sollevò lo sguardo e chiese: "Signor Marco, lei va a correre?"

"Certo che vado a correre, è il mio modo di scaricare lo stress e mi piace tenermi in forma!" disse Marco sentendo ancora in corpo un po' dell'effetto delle endorfine prodotte dall'allenamento che aveva completato poche ore prima, ma anche con quella strana sensazione che ti pervade quando inizi a sospettare che qualcosa non va. Che senso aveva quella domanda?

"Vede Marco", continuò il direttore puntando l'indice verso lo schermo del suo computer: "qua dice che lei è un soggetto a rischio".

"In che senso 'soggetto a rischio', io mi sento benissimo, e poi non capisco come questo possa avere attinenza con le pratiche per il mutuo …" disse Marco cercando di capire se quella cosa fosse davvero un problema o soltanto un'altra questione burocratica da superare.

"Qua dice", continuò il direttore, "che quando lei va a correre passa troppo tempo con il cuore 'fuori soglia', non so bene cosa significhi, ma mi hanno spiegato che in questi casi i mutui non possono essere concessi perché il cliente è un soggetto a rischio per la sua salute e se l'intestatario del mutuo muore, poi ci sono un sacco di problemi da gestire e, soprattutto, un sacco di costi per noi".

Marco rimase senza parole, in suo soccorso arrivò Anna, la sua compagna, che chiese al direttore da dove arrivassero quelle informazioni. Nemmeno lei si interessava dei valori del battito cardiaco di Marco durante gli allenamenti, e non riusciva a capire come queste informazioni potessero essere a disposizione della banca.

"Per caso per gli allenamenti usa uno di quei gingilli tecnologici che registrano tutto?" chiese il direttore a Marco. "Certamente" fu la risposta, "uso un orologio da allenamento che registra i percorsi che faccio, le prestazioni, mi avvisa persino quando devo cambiare le scarpe perché sono consumate".

"E registra anche il cuore" disse il direttore, con un'affermazione che era per metà una domanda.

"Certo, registra la frequenza cardiaca in ogni momento dell'allenamento", disse Marco, non senza far notare l'imprecisione nella frase del direttore che aveva semplificato con "cuore" un concetto ben più complesso come la frequenza cardiaca.

"Ah, ecco perché!" spiegò il direttore, come se fosse la cosa più naturale del mondo, "vede signor Marco, lei va a correre, sforza un po' troppo il suo cuore e lo fa troppo spesso, quindi diventa un soggetto a rischio, la banca lo sa e sceglie di non concederle il mutuo perché, insomma sa cosa intendo…, tutto qua. Mi dispiace, ma non posso fare niente, questa richiesta non può andare avanti".

"Mi scusi direttore, ma come è possibile che la banca abbia a disposizione questi dati? E poi io sto bene, perché sarei un soggetto a rischio?" domandò Marco, anche se aveva già capito che, almeno in quella banca, un mutuo non lo avrebbero mai ottenuto.

"Purtroppo c'è di più", aggiunse il direttore abbassando un po' la voce, "vede, per lo stesso motivo il computer mi sta dicendo che da oggi la sua copertura assicurativa sulla vita non è più attiva, le consegno subito i documenti di risoluzione unilaterale della polizza a partire dalla mezzanotte di oggi".

"Ma tutto questo è legale?" chiese Anna, con il sospetto di conoscere già la risposta.

"Certamente" rispose il direttore, "vede, al contrario di altri paesi, nel nostro non c'è nessuna norma a protezione dei dati personali, le persone sono convinte di non avere nulla da nascondere e purtroppo questi sono i risultati. Pensi che la settimana scorsa mia figlia si è vista rifiutare un posto di lavoro per cui era molto qualificata e sa perché?"

Il colloquio

DRIIIINNNNN
Stefania si tolse i guanti da giardinaggio e tirò fuori il telefono dalla tasca: "Pronto …"

Dall'altra parte della linea c'era una giovane impiegata che lavorava nella direzione del personale di una grande multinazionale operante nel settore della grande distribuzione: "Buon giorno dottoressa Martini, sono la dottoressa Santoro, non so se si ricorda di me, abbiamo un colloquio fissato per Giovedì mattina alle dieci".

Stefania aspettava quel colloquio da più di un mese, ne aveva già fatto uno nella stessa azienda e aveva la sensazione che quella sarebbe stata una buona opportunità, il lavoro le piaceva, l'azienda anche, le poche persone che aveva conosciuto le sembravano in gamba, un ambiente in cui imparare, crescere e dare un buon contributo.

"Certo che mi ricordo!", rispose Stefania, "che piacere sentirla, cosa posso fare per lei?"

"Guardi …", le disse la Martini, "mi spiace disturbarla, ma volevo avvisarla immediatamente per non farle perdere tempo inutilmente…"

Una inconfondibile sensazione di stanchezza mista a tristezza, rabbia e fallimento, la aggredì immediatamente. Stefania avrebbe voluto mettersi a urlare per scaricare un po' la frustrazione, ma non era certo quello il momento, preferì mantenere un profilo disinvolto e sicuro, cercando di uscire nel migliore dei modi da quella situazione. Le urla potevano aspettare qualche minuto.

"Le sue parole mi preoccupano …", riuscì a dire con la voce che tremava giusto un po', "mi sembra di capire che abbiate già deciso prima ancora del colloquio di Giovedì prossimo".

"Guardi dottoressa", continuò la Martini, "purtroppo sì, mi dispiace per quel che è accaduto, ma davvero non ci sono le condizioni per procedere, e sono piuttosto rammaricata perché il suo profilo è ottimo, sia dal punto di vista delle competenze che da quello delle attitudini".

"Beh, grazie …", borbottò Stefania, "ma … se il mio profilo è ottimo perché non ci sono le condizioni per procedere?"

"Vede dottoressa, c'è un problema di fiducia, pare che lei sia incinta e che non l'abbia detto in fase di primo colloquio".

"Le posso assicurare di non essere incinta" ribatté Stefania, "per il momento non ho intenzione di avere figli". Mentiva. Sperava che nel suo tono di voce quella menzogna non venisse percepita.

"Eppure, cara dottoressa … a quanto ci risulta o lei è incinta oppure sta comunque cercando di avere un figlio" disse la Martini. "Da quello che ci risulta lei ha smesso di prendere la pillola 14 mesi fa e da allora non ha fatto altro che interessarsi a tematiche legate alla prima infanzia: carrozzine, pannolini, vestitini, pediatri e tutto quello che ha a che fare con un nuovo arrivo in famiglia. Poi circa sei mesi fa lei e suo marito avete fatto insieme alcune visite dal Dottor Cicogna che è un medico specializzato in fertilità e, sempre a quanto ci risulta, recentemente ha acquistato alcuni test di gravidanza. A sistema non abbiamo ancora gli esiti dei suoi ultimi esami del sangue, ma direi che se ancora non è incinta, è solo questione di tempo".

Stefania rimase senza parole, ma provò comunque ad articolare un minimo di opposizione a quella tesi: "Guardi, io non sono incinta, almeno non ancora, ne sono certa. Quando mi avete domandato se fossi incinta ho detto la verità. Nessuno mi ha chiesto se avessi intenzione di avere figli in futuro, ma non mi è chiaro dove avete recuperato tutte queste informazioni su di me e sul mio stato di salute".

"Certo, capisco", ribatté la Martini, "forse tecnicamente non ha mentito, ma nella sostanza sì. Noi non assumiamo donne che sono incinta o che potrebbero avere intenzione di avere figli in futuro. Guardi me, per esempio, per poter lavorare qua ho praticamente promesso di rinunciare alla maternità. A me non pesa, ma capisco che non per tutte le donne sia così. Per rispondere alla sua domanda: accediamo a tutti i dati sanitari di tutti i nostri candidati, non vogliamo assumere persone che non siano in perfetta salute. Quei dati poi vengono incrociati, grazie ai nostri algoritmi, con informazioni di altro genere per creare dei profili completi che spesso ci raccontano dei candidati molto più di quello che essi stessi ci dicono in fase di colloquio. A volte mi è capitato di comunicare a una donna di essere incinta prima che lei stessa lo scoprisse, o che il partner la tradiva, o che il figlio frequentava compagnie poco raccomandabili. Pensi che addirittura un ragazzo frequentava dei locali per omosessuali e la madre nemmeno lo sapeva. Accedendo ai profili commerciali, alle preferenze in tutti i campi e alle agende di tutti, siamo in grado di selezionare sempre i candidati giusti per la nostra azienda!"

"Certo, certo", Stefania ormai voleva tornare al suo giardinaggio, ma aveva ancora una domanda: "ma tutto questo è legale?"

"Naturalmente!" rispose la Martini, "vede, al contrario di altri paesi, nel nostro non c'è alcuna norma a protezione dei dati personali, le persone sono convinte di non avere nulla da nascondere e purtroppo questi sono i risultati. Pensi che la settimana scorsa mio padre si è vista rifiutare il rilascio del passaporto, e sa perché?"

Il passaporto

"Il passaporto completamente digitale è comodissimo, ma non capisco perché il sito, appena inserisco tutti i dati, mi dice che c'è un problema e che devo rivolgermi direttamente agli uffici andando di persona. Mi sembra un po' una cosa del secolo scorso, ma … eccomi qua".

Tommaso era un po' innervosito dall'essersi dovuto recare di persona all'ufficio passaporti, ormai tutti potevano ottenere un passaporto digitale direttamente sullo smartphone, recarsi in ufficio era considerata una cosa antiquata, noiosa e inutile.

Il funzionario addetto alla sua pratica alzò un momento gli occhi dallo schermo del computer per posare lo sguardo diritto negli occhi di Tommaso e, sempre guardandolo fisso negli occhi, gli chiese "Perché lei pensa di avere il diritto di uscire dal nostro Paese? Soltanto le persone che non danno problemi, o che non ne hanno causati in passato, possono avere il passaporto direttamente online, gli altri devono fare la trafila che sta facendo lei. Mi creda, sono il primo a desiderare che la sua pratica si concluda in fretta, il mio turno sta per finire".

Tommaso sostenne lo sguardo del funzionario, ma un brivido di freddo solcò il suo collo, come se avesse il sospetto che quel giorno non sarebbe finita bene. "Guardi dottore, io davvero non ho idea dei problemi che potrei in qualche modo aver causato in passato. Può darmi qualche informazione in più?"

"Certamente", rispose il funzionario spostando nuovamente lo sguardo verso lo schermo del computer, "vediamo un po' cosa c'è nel suo dossier". Passarono alcuni minuti interminabili, in cui il funzionario leggeva lo schermo del computer e, talvolta, alzava il sopracciglio come a indicare di aver trovato qualcosa di davvero curioso. "Il suo dossier è pieno di cose interessanti signor Martini. La sua pratica è stata bocciata dai nostri sistemi online e le è stato chiesto di venire di persona, per via di quello che è accaduto

52 anni fa di fronte alla sua scuola. Poi ci sono altre cose più piccole e poco significative, ma quell'episodio è segnato in rosso qua sul mio monitor".

Tommaso aggrottò le sopracciglia nella ricerca della concentrazione. Che diavolo era successo davanti alla sua scuola 52 anni prima? Sicuramente frequentava il liceo scientifico, quarto anno, forse quinto, i ricordi erano un po' confusi.

Il funzionario, che aveva fretta di terminare il turno, decise di aiutarlo: "Non si preoccupi signor Martini, adesso le spiego tutto. Quel giorno la sua scuola ha partecipato a una manifestazione di protesta contro alcuni tagli alla scuola che il governo di allora aveva previsto. Al termine della manifestazione lei e alcuni dei suoi colleghi siete stati coinvolti in una rissa tra fazioni politiche avverse. Pare che in quel periodo, caro Martini, lei frequentasse compagnie non troppo raccomandabili".

Tommaso si affrettò ad aggiungere: "Ah, sì, ricordo bene quell'episodio. Io e i miei amici stavamo tornando a casa e siamo stati aggrediti da un gruppo di studenti violenti, non la pensavano come noi e volevano farcelo sapere usando le mani. Io, tra l'altro, non avevo nessun cartello, lo ricordo benissimo. C'è stato anche un processo, e tutti siamo stati assolti, quindi qual è il problema?"

"Il problema non è il fatto in sé per cui è stato assolto", spiegò il funzionario, "il problema è che lei è stato coinvolto in quell'incidente a causa delle sue idee politiche, chiaramente espresse sul cartello che aveva in mano durante la manifestazione. Qua c'è anche una foto in cui si vede chiaramente lei con in mano un cartello che, come ben sa, contiene cose che in questo paese non sono gradite. Lei è considerato un cittadino ostile verso il suo paese, di conseguenza il suo paese non le consente il libero accesso al passaporto, tutto qua. Ora se non le dispiace la devo salutare, il mio turno è terminato".

"Aspetti un attimo! Quello non sono io!" disse Tommaso in un estremo tentativo di risolvere il problema. "Come le dicevo, io non avevo nessun cartello! Nello stesso istituto in quegli anni c'era un altro ragazzo praticamente identico a me, pensi che una volta abbiamo addirittura fatto uno scherzo agli insegnanti andando ognuno nella classe dell'altro. I compagni di classe lo sapevano, gli insegnanti no, è stato molto divertente!"

"Quello che mi sta raccontando è piuttosto inverosimile", disse il funzionario, "e devo avvisarla che mentire a un pubblico ufficiale potrebbe avere delle conseguenze".

"No, no, glielo posso assicurare, ho anche fatto un ricorso una volta perché per un pelo il mio sosia non faceva crollare il mio matrimonio. Per un periodo lui aveva frequentato un ragazzo, pare sia omosessuale, una cosa raccapricciante, e qualche telecamera li aveva intercettati insieme in più occasioni. Questa informazione per errore era finita nel mio fascicolo. Sa, gli algoritmi di riconoscimento facciale a volte possono sbagliare. Per fortuna avevo un alibi inattaccabile in molte delle occasioni in cui il mio sosia era stato visto in compagnia del suo ragazzo; quindi, quel comportamento inappropriato è stato cancellato dal mio fascicolo. Immagino che quindi anche questa situazione del cartello possa essere cancellata e io possa avere il mio passaporto. Dico bene?"

"Ha anche un alibi per il momento in cui il suo presunto sosia era lì in piazza con il suo cartello inappropriato?" gli chiese il funzionario, che ormai era in piedi e aveva indossato la giacca.

"Purtroppo no", ammise Tommaso, e aggiunse: "ma tutto questo è legale?"

"Naturalmente!" rispose il funzionario, "vede, al contrario di altri paesi, nel nostro non c'è alcuna norma a protezione dei dati personali, le persone sono convinte di non avere nulla da nascondere e purtroppo questi sono i risultati.

Una volta in Europa c'era il GDPR, ma molti cittadini pensavano fosse una limitazione della loro libertà e quindi la politica lo ha prima indebolito e poi del tutto eliminato. Arrivederci".

"Già, arrivederci".

Nota di ripubblicazione

La tentazione di dire "non ho niente da nascondere" quando ci si trova a fronteggiare la burocrazia legata alla gestione dei dati personali, una cosa che in effetti esiste, è purtroppo una semplificazione che non possiamo permetterci e che dipende, nella maggior parte dei casi, dalla nostra non comprensione della dimensione del problema.
Ho scritto questo articolo per aiutare le persone a comprendere, e sono felice che sia stato molto apprezzato e che abbia in molti casi raggiunto il suo scopo.
Aggiungo, come citazione, una frase molto bella di Edward Snowden: "Affermare che non si è interessati al diritto alla privacy perché non si ha nulla da nascondere è come dire che non si è interessati alla libertà di parola perché non si ha nulla da dire".

Pezzi di Futuro

COSA VORREI DAGLI
SMART GLASSES APPLE

In origine pubblicato su La Repubblica il 16 maggio 2023[82]

A partire dal 5 giugno inizierà una settimana caldissima per tutti gli appassionati di tecnologia, specialmente per gli sviluppatori appartenenti all'ecosistema Apple. Inizierà, infatti, la WWDC 23[83], la conferenza che Apple dedica ogni anno proprio a loro, ai tecnici che realizzano le applicazioni per tutti i prodotti Apple e che, negli anni, hanno contribuito con il loro lavoro a trasformare una collezione di prodotti in un vero e proprio ecosistema di applicazioni, contenuti e servizi.

Solitamente il primo giorno della WWDC si tiene un evento di apertura in cui Apple presenta le novità software: quali funzioni avranno le prossime versioni dei sistemi operativi per tutti i singoli dispositivi e qual è la strada tracciata per il futuro nella realizzazione di applicazioni. Talvolta vengono presentati in anteprima alcuni nuovi prodotti, per dare modo agli sviluppatori di iniziare a sviluppare le loro applicazioni ed essere immediatamente preparati per quando i prodotti saranno davvero disponibili sul mercato. È il caso, per esempio, della transizione dai processori Intel agli Apple Silicon, presentati nella WWDC del 2020.

Quest'anno c'è un rumor insistente che suggerisce la presentazione di un prodotto completamente nuovo: gli Smart Glasses di Apple.

Chi mi conosce sa bene che secondo me gli Smart Glasses rappresenteranno la vera rivoluzione di questo decennio, cambieranno completamente le modalità di relazione tra gli esseri umani e le macchine, e

---

[82] https://www.repubblica.it/tecnologia/blog/futuri-possibili/2023/05/16/news/cosa_vorrei_dagli_smart_glasses_apple-400336804/

[83] https://developer.apple.com/wwdc23/

157

progressivamente sostituiranno gli smartphone. Ne ho parlato e scritto un po' ovunque negli ultimi anni, a partire dal mio ultimo libro Vite Aumentate[84] che parla proprio di questa rivoluzione.

Il prodotto che verrà presumibilmente presentato da Apple sarà probabilmente embrionale e soltanto un lontano parente del dispositivo davvero rivoluzionario che arriverà nelle sue versioni successive, un po' come era stato per il primissimo iPhone che non aveva nemmeno uno store delle applicazioni e, pensate, non aveva nemmeno una modalità per fare copia e incolla.

Tuttavia, ho provato a elencare le caratteristiche che lo renderebbero davvero una "next big thing", una nuova pietra miliare non soltanto nel mondo della tecnologia, ma soprattutto un dispositivo in grado di tracciare la strada nella definizione di una modalità di comunicazione completamente nuova tra esseri umani e macchine. Esattamente come è stato per gli smartphone.

Occhiali

Innanzi tutto, stiamo parlando di Smart Glasses, cioè di occhiali smart, il che significa aggiungere caratteristiche smart a un oggetto che ben conosciamo e che viene utilizzato quotidianamente da milioni di persone in tutto il mondo.

L'occhiale ha di per sé delle caratteristiche che lo rendono facilmente utilizzabile: la leggerezza, la comodità, la capacità di migliorare la visione in chi ha problemi alla vista, una connotazione estetica.

Queste sono caratteristiche irrinunciabili per un dispositivo di uso quotidiano e continuo, non è certo pensabile tenere sul proprio naso per molto tempo dispositivi pesanti, ingombranti e che non consentano di utilizzare lenti graduate.

Quello che serve quindi è che si tratti di un dispositivo comodo, leggero e adatto all'utilizzo con lenti correttive, senza che questo pregiudichi le sue funzionalità.

Funzioni di realtà aumentata e realtà virtuale

Solitamente si tende ad associare la realtà virtuale a esperienze completamente immersive in cui l'utilizzatore ha la possibilità di accedere ad applicazioni, contenuti e servizi, scollegandosi però dalla realtà fisica. Al contrario le esperienze di realtà aumentata consentono di accedere a strati aggiuntivi di informazioni, ma senza perdere il contatto con la realtà fisica.

Per chi vuole approfondire questi argomenti suggerisco questo articolo che ho scritto ormai a novembre 2020: Il futuro è nella Extended Reality[85] e

---

[84] https://www.amazon.it/Vite-aumentate-Massimo-Canducci/dp/8835118832

[85] https://www.massimocanducci.eu/2022/11/05/il-futuro-nella-extended-reality/

riportato anche all'interno di questo volume.

Quello che serve in questi nuovi smart glasses è la possibilità di accedere a contenuti e applicazioni che vengano proiettati direttamente all'interno del campo visivo dell'utilizzatore, sovrapposti alla realtà fisica, quindi in modalità "realtà aumentata", tuttavia grazie all'utilizzo di lenti che possono diventare opache, sarebbe possibile un'esperienza simile a quella della realtà virtuale, anche se non completamente immersiva.

In pratica: potrò rimanere in modalità "realtà aumentata" guardando un monumento e avendo negli occhiali informazioni turistiche aggiuntive, oppure potrò passare in modalità "realtà virtuale" e vedere una serie TV direttamente all'interno dei miei occhiali, pur senza avere la totale immersione che potrebbe essere garantita soltanto da un caschetto dedicato, ma avendo comunque un'ottima esperienza di intrattenimento.

Connettività continua
Oggetti di questo genere hanno senso soltanto se costantemente connessi alla rete. Questo serve per scambiare dati con altri dispositivi e per poter utilizzare correttamente le applicazioni.

Autonomia elevata
Gli smart glasses saranno un altro oggetto da caricare.

Dopo smartphone, orologi, bracciali, cuffie e tanti altri dispositivi personali, se ne aggiungerà un altro: l'occhiale. Questo purtroppo è inevitabile.

Quello che però potrebbe essere evitabile è la necessità di ricaricare gli occhiali troppo frequentemente.

Vorrei un'autonomia che mi consenta di ricaricare gli occhiali quando non li sto usando, quindi tendenzialmente di notte, e che non mi costringa a privarmene invece durante il giorno.

L'autonomia elevata è pertanto un elemento fondamentale per garantire il successo del prodotto.

Tutte le funzioni e le applicazioni che servono
Vorrei smart glasses in grado di svolgere tutti i compiti basilari che solitamente affidiamo allo smartphone: telefonare, scattare fotografie, registrare video, ricevere e inviare messaggi. Tutto questo come funzioni di base, senza dover ricorrere ad applicazioni esterne.

Le applicazioni di terze parti saranno ovviamente scaricabili da un apposito store, esattamente come oggi avviene con gli smartphone. Si tratterà di applicazioni dal funzionamento diverso rispetto alle loro analoghe per smartphone, per via delle diverse modalità di interazione che sarà necessario utilizzare.

Fin dal momento della presentazione è auspicabile che sia presente un completo SDK con tanto di simulatore, per consentire agli sviluppatori di portare le loro applicazioni su questi nuovi dispositivi, in modo che queste possano essere immediatamente disponibili il giorno del lancio del prodotto sul mercato.

È possibile che, nelle versioni iniziali, questi dispositivi debbano delegare l'elaborazione ad altre parti più performanti dell'ecosistema, come lo smartphone, ma a regime saranno completamente autonomi fino a, come si diceva in precedenza, prendere il posto dello stesso smartphone.

Un ecosistema completo

Apple nel tempo ci ha abituati a trarre vantaggio dal suo completo ecosistema. La possibilità di spostare il compito che si sta svolgendo da un dispositivo all'altro con una buona dose di naturalezza, la condivisione di informazioni tra dispositivi diversi con pochi gesti, il fatto di avere tutti i propri dispositivi in un'unica rete in grado di trarre vantaggio da questa appartenenza.

Un nuovo dispositivo di questa famiglia non potrà che essere esso stesso parte di questo ecosistema, con la possibilità di condividere applicazioni, contenuti e servizi, anche se con modalità di fruizione diverse, con tutti gli altri dispositivi dello stesso utente e con il vantaggio di avere dispositivi in grado di autenticarsi reciprocamente, semplificando l'accesso ai dispositivi stessi e ai dati in essi contenuti.

Comandati con gesture e voce

Ovviamente gli occhiali non saranno dotati di tastiera, dispositivi di puntamento o schermi touch; quindi, sarà necessario utilizzare altre modalità di interazione per ottenere quello che vogliamo.

In questo senso ci verranno in aiuto la voce e i gesti, due modalità complementari in grado di interagire completamente con il dispositivo e con tutte le sue applicazioni.

Questo tipo di interazione ci consentirà di trasformare questi dispositivi in veri e propri assistenti virtuali indossabili, con cui parlare in linguaggio naturale per ottenere informazioni e servizi.

Siamo abituati ad avere assistenti vocali un po' scadenti, che capiscono poco quello che diciamo e che fanno fatica a svolgere i compiti che chiediamo, questo per via della difficoltà dell'interazione vocale. Tuttavia, le nuove AI generative come ChatGPT ci hanno mostrato come una nuova forma di interazione, molto più di qualità, in effetti è possibile. È probabile quindi che anche gli assistenti vocali a cui oggi siamo abituati, come Siri e Alexa, miglioreranno moltissimo nel prossimo futuro proprio grazie all'integrazione con algoritmi generativi. Queste nuove versioni diverranno in breve tempo le voci dei nostri assistenti virtuali personali, a cui chiedere anche compiti molto più complessi di quelli che oggi chiediamo alle loro versioni attuali.

Non è comunque da escludere che sul dispositivo possano essere presenti alcuni piccoli pulsanti fisici dedicati ad alcune funzioni particolari.

Autenticazione biometrica

Vorrei che l'accesso a questi dispositivi avvenisse attraverso la biometria multipla: il riconoscimento del volto dell'utilizzatore, la scansione dell'iride e, se necessario, il riconoscimento vocale.

Niente più pin, email, password e quant'altro. Soltanto biometria multipla.

Un sistema operativo di qualità

Questa caratteristica può sembrare scontata, ma purtroppo non lo è.

Apple in passato ha lesinato funzionalità su alcune piattaforme, per esempio iPad, per non creare concorrenza interna con altri prodotti, come per esempio il Mac.

La speranza è che questi nuovi dispositivi non nascano limitati dal punto di vista del software per cercare di rallentare la transizione che porterà alla scomparsa degli smartphone in favore degli smart glasses.

Insomma, vorrei un paio di smart glasses da utilizzare al posto dei miei occhiali da vista, con cui accedere a contenuti, applicazioni e servizi e che, con il tempo, possano prendere il posto del mio smartphone, senza però perdere in funzionalità, anzi, al contrario, rendendo l'intera esperienza di utilizzo molto più semplice e naturale.

Siamo di fronte all'inizio di una rivoluzione epocale nell'interazione tra esseri umani e macchine e per questo spero che, se non proprio tutte, il nuovo prodotto Apple possa avere almeno qualcuna di queste caratteristiche, in modo da innescare definitivamente questo processo di transizione.

Nota di ripubblicazione

A valle della presentazione di Vision Pro da parte di Apple, c'è da dire che siamo ancora molto lontani dal dispositivo con le caratteristiche da me auspicate.

Tuttavia, siamo all'inizio e, come ho poi scritto nell'articolo successivo, le premesse sono ottime.

Serve solo un po' più di tempo per affinare una tecnologia che, in ogni caso, sarà dirompente.

Anche perché se non ci riuscirà Apple, lo farà qualcun altro.

Pezzi di Futuro

IL CAMBIAMENTO ATTIVATO
DA VISION PRO DI APPLE

In origine pubblicato su La Repubblica il 9 giugno 2023[86]

Ci siamo. Apple ha finalmente presentato il suo visore per la Realtà Aumentata, si chiama Vision Pro[87], assomiglia a una maschera da sub e costa 3.499 dollari.

Molti lo esaltano per le caratteristiche tecniche, per i 5.000 brevetti che ha generato, per la disponibilità immediata di servizi non appena sarà disponibile e per l'autenticazione biometrica.

Molti altri lo criticano per l'estetica, il prezzo, la scarsa autonomia, il senso di isolamento e separazione dalla realtà che potrebbe indurre negli utilizzatori.

Purtroppo, troppo spesso, e questo caso non fa eccezione, si tende a confondere il dispositivo con il cambiamento che questo è potenzialmente in grado di abilitare.

Quello che Apple ha presentato non è un dispositivo, è un cambiamento epocale che avverrà presto nelle abitudini delle persone e nelle modalità di realizzare e mettere sul mercato applicazioni, contenuti e servizi.

Lo so che a guardarlo bene si tratta di un prodotto non all'altezza degli standard Apple, goffo, bruttino, con un cavo di alimentazione talmente orribile che probabilmente Jony Ive, in passato per anni a capo del design di Apple, sarà rimasto senza parole per ore dopo averlo visto; ma bisogna comprendere che quella che è stata presentata non è la prima versione, bensì la versione zero. Un prototipo tirato fuori dai laboratori di ricerca e reso "presentabile" contro il parere degli ingegneri che lo giudicavano non ancora

---

[86] https://www.repubblica.it/tecnologia/blog/futuri-possibili/2023/06/09/news/il_cambiamento_attivato_da_vision_pro_di_apple-403812832/

[87] https://www.apple.com/apple-vision-pro/

pronto.

Io lo avrei voluto diverso, ne ho anche scritto recentemente e quell'articolo è riportato in questo volume nel capitolo precedente a questo, ma è ancora presto, troppo presto.

Ve la ricordate la presentazione del primo iPhone al Macworld 2007? Ecco, era tutto finto. Quel dispositivo non funzionava, era un prototipo in cui era stata inserita una particolare sequenza operativa e il tutto stava in piedi soltanto se si seguiva perfettamente quella sequenza, anche in quel caso gli ingegneri erano contrari alla presentazione, iPhone non era ancora pronto, ma per Steve Jobs era il momento giusto per presentarlo. Parliamo di un dispositivo talmente zoppicante che nella sua prima versione commerciale non aveva nemmeno il copia e incolla e l'App Store. Eppure, sappiamo tutti com'è andata: 200 miliardi di dollari di ricavi generati da iPhone nel solo 2022 e, quel che più conta, un cambiamento radicale introdotto nelle abitudini della popolazione. Il resto è storia.

Quello che Steve Jobs ha presentato nel 2007 non era un prodotto, era il fulcro di un ecosistema nascente di applicazioni, contenuti e servizi, un abilitatore di innovazione talmente potente che oggi nel mondo ci sono 7 miliardi di smartphone che sono iPhone oppure sono dispositivi ispirati ad iPhone nelle forme, nelle funzionalità, nell'estetica del sistema operativo o nel modello di business.

Lo so cosa molti di voi stanno pensando: "Anche Apple si è ispirata ad altri nella sua storia, a cominciare dal mouse che era un'invenzione di Xerox!" Verissimo, ma la verità è che creatività e innovazione sono anche basate sull'essere ispirati dalle idee degli altri dando loro nuove capacità di generare valore. È normale e lo fanno tutti. Ah, a proposito, il mouse è stato inventato da Douglas Engelbart nel 1964.

Oggi, a distanza di sedici anni, consideriamo la prima versione di iPhone un dispositivo scadente che, nonostante le sue caratteristiche, è riuscito a trasformare radicalmente la vita della maggior parte della popolazione.

Domani guarderemo a Vision Pro con le stesse sensazioni che oggi proviamo per la prima versione di iPhone e ci chiederemo come fosse possibile, in passato, non avere a disposizione smart glasses in grado di fornirci applicazioni, contenuti e servizi direttamente nel nostro campo visivo e farci da assistente personale in buona parte delle attività della nostra vita.

Avremo sempre di fronte ai nostri occhi tutte le informazioni di cui abbiamo bisogno per fare shopping, per lavorare, per giocare, per conversare con gli amici, e potremo immergerci in un videogame, un film o una serie TV semplicemente richiedendo il nostro contenuto agli smart glasses con la voce o guardando nella direzione giusta all'interno dei nostri occhiali.

L'attore principale di questo cambiamento, dal punto di vista dei dispositivi, potrebbe essere Apple, ma potrebbero anche essere altri, quel che conta, come scrivevo in apertura, non è il dispositivo in sé, ma il cambiamento che è in grado di abilitare.

Questo cambiamento sarà così radicale che nel mio ultimo libro Vite Aumentate[88] l'ho inserito tra le grandi direttrici che porteranno l'umanità a essere "aumentata" grazie all'utilizzo delle tecnologie del futuro. Vite semplificate grazie a macchine in grado di svolgere per noi molti dei compiti che riteniamo faticosi o sgradevoli. Vite più sane e longeve grazie all'enorme disponibilità di dati sanitari e di algoritmi di intelligenza artificiale in grado di abilitare la medicina predittiva. Vite aumentate grazie alle enormi potenzialità offerte dalla realtà aumentata e dalla realtà virtuale e grazie a dispositivi come il Vision Pro di Apple e alle sue evoluzioni.

Come esseri umani potremo presto iniziare a godere dei nuovi servizi che saranno messi a nostra disposizione, i legislatori dovranno invece lavorare da subito per intercettare potenziali abusi che sicuramente qualcuno proverà ad attuare, mentre le aziende dovranno immediatamente attrezzarsi per portare tutte le loro applicazioni e tutti i loro servizi all'interno di questo nuovo grande ecosistema perché se oggi è impensabile non essere presenti sugli smartphone degli utenti finali, domani sarà impensabile non essere presenti all'interno dei loro smart glasses, e dal punto di vista del software è ancora tutto da inventare.

Nota di ripubblicazione

Mentre molti degli addetti ai lavori attendono con impazienza il rilascio dei dispositivi per gli sviluppatori, iniziano ad arrivare rumor sulla prossima versione di Vision Pro che dovrebbe uscire nel 2025.
Si potrà usare come schermo secondario per il Mac in modo da creare un monitor virtuale in 4K.
Si potranno effettuare chiamate Facetime di gruppo utilizzando gli avatar e gli ambienti virtuali.
Saranno disponibili le app di fitness e sportive.
Insomma, Apple sta investendo molto in questa nuova famiglia di dispositivi, e fa benissimo perché il futuro sarà proprio nella Extended Reality.

---

[88] https://www.amazon.it/Vite-aumentate-Massimo-Canducci/dp/8835118832

PREPARIAMOCI AGLI ASSISTENTI DIGITALI UNIVERSALI

In origine pubblicato su La Repubblica il 12 ottobre 2023[89]

Molti di noi ricordano la prima volta che abbiamo utilizzato un assistente vocale. Chi Siri, chi Alexa, chi Google Assistant.

I primi approcci, con frasi semplici e richieste banali, ci hanno fatti sentire un po' in imbarazzo, di fronte ad amici e familiari, nell'utilizzare quel tipo di comunicazione con una macchina collegata a Internet, una tipologia di interazione solitamente riservata ad altri esseri umani.

Le grandi aspettative iniziali si sono spente quasi subito, appena abbiamo capito che i risultati che si potevano ottenere, soprattutto con le prime versioni, erano davvero limitati: compiti banali come impostare un timer o una sveglia, inserire un oggetto in una lista della spesa, mettere un po' di musica o, nei casi più evoluti, comandare qualche dispositivo domotico come accendere una lampadina o aprire un cancello.

Nella comunicazione con la macchina ci siamo accorti anche di una cosa interessante: la macchina spesso e volentieri non ci capisce e quindi siamo noi che con il tempo abbiamo imparato a parlare in un modo che fosse più comprensibile per la macchina stessa, usando frasi minime, scandendo bene le parole e inserendo le pause al punto giusto. In altre parole: siamo noi che ci siamo adattati alla macchina impoverendo il nostro linguaggio, non è la macchina che nel tempo ha imparato a comunicare meglio con noi. Un compromesso dovuto alle limitazioni della tecnologia, ma pur sempre un compromesso che non vediamo l'ora di superare.

---

[89] https://www.repubblica.it/tecnologia/blog/futuri-possibili/2023/10/12/news/prepariamoci_agli_assistenti_digitali_universali-417605862/

La buona notizia è che buona parte di queste limitazioni stanno per essere superate grazie all'avvento, nel prossimo futuro, degli Assistenti Digitali Universali.

Immaginiamo di avere a disposizione una specie di maggiordomo digitale personale, da interpellare quando ci serve un'informazione, quando vogliamo prenotare un servizio, quando ci serve che un compito generico venga effettuato. Un assistente in grado di risolvere i nostri problemi, di organizzare la nostra agenda, di fornirci l'intrattenimento che fa per noi quando ne abbiamo voglia, di semplificare il nostro lavoro, di suggerirci come rispondere a un'email, quando alzarci per fare due passi o quando rimanere focalizzati sui nostri compiti.

Questo, e molto altro, è quello che ci aspetta non appena la tecnologia dei tradizionali assistenti vocali sarà integrata con le funzionalità di comprensione e di generazione di contenuti e questo ecosistema, a sua volta, sarà integrato con servizi esterni di prenotazione di treni, alberghi, ristoranti, con i servizi meteo, con gli eventi sul territorio e con tutti quei servizi a cui oggi possiamo accedere in modo analogico o digitale.

Quando queste integrazioni saranno disponibili potremo tranquillamente chiedere a uno di questi assistenti "Prenotami treni, albergo e ristoranti in una città d'arte per uno dei prossimi fine settimana in cui ci sarà bel tempo e in cui ci sia qualcosa da vedere che non ho ancora visto. Viene tutta la famiglia", avendo la ragionevole certezza che tutti i compiti verranno svolti in modo adeguato.

Questi assistenti universali saranno totalmente personali perché dovranno imparare dalle nostre abitudini per servirci al meglio, nella prima fase del loro utilizzo è possibile che sbaglino o che chiedano conferma su come comportarsi in determinate situazioni, ma successivamente, con l'apprendimento, diverranno sempre più affidabili, esattamente come farebbe un assistente umano, migliorando nel tempo la loro capacità di soddisfare le nostre esigenze.

Queste capacità di apprendimento saranno anche in grado di comprendere il dettaglio con cui vogliamo essere informati su notizie, email personali, comunicazioni professionali o contenuti di intrattenimento.

La comprensione completa del linguaggio naturale sarà rinforzata da una comprensione totale del contesto in cui ci si trova. Dire un semplice "Avvisa che tardo cinque minuti" può significare avvisare la persona che ci sta aspettando al ristorante, oppure il team con cui abbiamo la prossima call, oppure ancora il parrucchiere con cui abbiamo un appuntamento. La comprensione del contesto sarà una caratteristica irrinunciabile per far funzionare al meglio queste macchine.

Una delle funzionalità disponibile fin dalle prima versioni sarà senz'altro la capacità di tradurre in linguaggio naturale da una lingua all'altra, diventando quindi anche i nostri interpreti personali in tempo reale, consentendoci di abbattere le barriere linguistiche.

Oggi i modesti assistenti virtuali che abbiamo a disposizione sono collocati in dispositivi dedicati, si pensi per esempio ad Alexa che "abita" all'interno dei dispositivi Echo di Amazon. Tuttavia, abbiamo alcuni di questi servizi già disponibili nel nostro smartphone o nel nostro orologio. Il nostro assistente digitale universale sarà "ovunque", nel senso che sarà disponibile in qualunque dispositivo nelle nostre vicinanze e sarà sempre lui, sempre sincronizzato e operativo per noi. Questa funzionalità sarà la vera killer application di una nuova generazione di smart glasses che, oltre alle funzionalità di realtà aumentata, avranno a bordo anche il nostro assistente digitale universale.

L'integrazione con il resto del mondo sarà inizialmente limitata, ma presto i fornitori di servizi faranno a gara per potersi integrare con questi nuovi assistenti. Rifiutare l'integrazione, o ritardarla, significherà rinunciare a un canale di vendita privilegiato di contenuti e servizi, un canale che in breve tempo potrebbe diventare quello principale.

La capacità di ricerca di informazioni farà un passo in avanti enorme rispetto a quello che possiamo ottenere oggi dai classici assistenti virtuali: gli algoritmi saranno in grado di ricercare informazioni in tempo reale da fonti diverse e affidabili, fornendoci risposte aggiornate e accurate. Questo non dovrà tuttavia farci rinunciare al nostro senso critico e alla nostra capacità di selezionare fonti e notizie, è bene che non si passi dall'odierno "l'ho letto su internet" a "me l'ha detto Alexa".

Non dobbiamo aspettarci esclusivamente risposte alle nostre richieste, ma anche atteggiamenti proattivi che saranno per noi di stimolo a vivere meglio, da un semplice "tra mezz'ora parte il tuo treno, è bene partire per non arrivare tardi e rischiare di perderlo" a cose più articolate e intime come "stasera non sarai a casa, forse è meglio se inizi a prepararti la valigia per domani", fino ad arrivare a funzionalità motivazionali o di attenzione alla nostra salute come "con il colesterolo a 200 quei pasticcini sarebbe meglio evitarli, che ne dici di un frutto?". Molte di queste cose oggi possono sembrarci un'invasione della nostra sfera personale, ma domani potrebbero essere utilissime per alcuni di noi.

Alcune persone si troveranno così bene a parlare con questi assistenti digitali, da iniziare a provare dei sentimenti per loro, fino ad innamorarsene, oppure fino a confessare loro i segreti più intimi confidando nella riservatezza garantita dal fornitore del servizio.

All'invasione della sfera personale si aggiungeranno le tematiche legate alla sicurezza e alla protezione dei dati personali, temi da non trascurare e che dovranno essere analizzati bene prima di mettere sul mercato dispositivi non completamente sicuri. Come utilizzatori dovremo sempre domandarci a chi daremo i nostri dati, di quali dati si tratterà e come questi dati verranno gestiti, ricordando sempre che se il servizio sarà gratuito probabilmente i nostri dati saranno la merce di scambio per poterlo utilizzare.

Quello che è certo è che la nostra vita cambierà radicalmente, avremo assistenti in grado di svolgere per noi tantissimi compiti, ma dovremo essere molto bravi nel renderci conto che, per brave che siano a intrattenere una conversazione con noi, si tratterà sempre e soltanto di macchine.

Nota di ripubblicazione

Con l'avvento di ChatGPT, il distacco con i tradizionali assistenti virtuali è apparso subito enorme e molto difficile da colmare.
Recentemente molte delle aziende che producono gli assistenti virtuali hanno dichiarato di avere in programma integrazioni dirette con ChatGPT oppure di essere in grado di far evolvere le proprie intelligenze artificiali in modo da farle diventare paragonabili in termini di comunicazione con l'essere umano.
La direzione è tracciata e il passaggio a un unico assistente digitale universale è soltanto questione di tempo.

SE LE MACCHINE SI METTONO
A COMPRARE DA SOLE

In origine pubblicato su La Repubblica il 1° novembre 2023[90]

Chi compra per noi

Siamo abituati a pensare di essere gli attori principali dei nostri acquisti, persone che consapevolmente comprano beni e servizi sulla base della volontà o della necessità e in piena libertà.

Per ora è così, ma le cose stanno per cambiare rapidamente, un nuovo attore sta entrando in questo ecosistema economico che prevede lo scambio di denaro, il nostro, per l'acquisto di prodotti e servizi: gli algoritmi di intelligenza artificiale.

In un certo senso questo avviene già, siamo abituati a delegare alcune spese ad automatismi di cui siamo consapevoli, ma dei quali tendiamo a non occuparci per comodità: quando domiciliamo una bolletta su un conto corrente, per esempio, stiamo autorizzando una macchina (i sistemi informativi bancari) a pagare per noi l'importo della bolletta sulla base di un certo flusso di dati proveniente dal gestore. È una modalità che utilizziamo per automatizzare il processo e per non doverci occupare personalmente del pagamento. La stessa cosa avviene quando effettuiamo un acquisto periodico su Amazon: alla scadenza concordata i sistemi pagano automaticamente il prodotto e noi lo riceviamo a casa, come se avessimo fatto un ordine tradizionale. Anche in questo caso l'obiettivo dell'automazione è la semplificazione del processo: non mi voglio occupare di comprare ogni mese le pastiglie della lavastoviglie, quindi utilizzo un automatismo che lo farà per

---

[90] https://www.repubblica.it/tecnologia/blog/futuri-possibili/2023/11/01/news/se_le_macchine_si_mettono_a_comprare_da_sole-419277143/

me.

Il Machine Customer

Questo modello si chiama "Machine Customer" e, secondo Gartner[91], entro il 2030 il 22% dei ricavi complessivi provenienti dai nostri acquisti verrà effettuato in modalità completamente automatica. In altre parole: quasi un quarto del denaro che utilizziamo verrà speso automaticamente da algoritmi delegati da noi. Più l'automazione entrerà nelle nostre case, più sarà facile delegare alle macchine non soltanto la parte operativa del loro ruolo in casa nostra, ma anche le transazioni economiche.

D'altra parte, se ci pensiamo, le procedure di acquisto spesso e volentieri sono un fastidio di cui non possiamo fare a meno.

Certo se devo comprare una chitarra nuova, me la vado a scegliere in negozio, ne provo quante ne voglio ed esco con lo strumento che mi ha trasmesso le migliori vibrazioni e sensazioni.

Però se devo comprare le pastiglie per la lavastoviglie, è solo un fastidio.

È un prodotto la cui scorta non dovrebbe mai andare sotto una certa soglia e, a parità di qualità, mi interessa risparmiare quello che posso, ma certamente non si può parlare di un acquisto basato sulla passione.

Il termine "Machine Customers" si riferisce quindi all'idea che le macchine, guidate da algoritmi avanzati e intelligenza artificiale, possano agire come clienti autonomi, con l'obiettivo di semplificare la vita degli utilizzatori.

Come funziona

Proviamo a pensare a quando parcheggiamo la nostra automobile sulle "amate" strisce blu dei parcheggi a pagamento: nella migliore delle ipotesi dobbiamo utilizzare un'applicazione sul nostro smartphone per attivare la sosta quando arriviamo e per disattivarla quando ce ne andiamo. Per non parlare di parcometri, monetine, tessere magnetiche, foglietti di carta, gratta e sosta e tutte quelle meraviglie del secolo scorso che spesso ci troviamo ad affrontare per poter pagare un'ora di parcheggio. In alcuni rarissimi casi l'automobile, se sufficientemente moderna, potrebbe avere direttamente a bordo una funzionalità per effettuare in autonomia il pagamento, magari dopo aver chiesto conferma all'utilizzatore.

Il modello è esattamente questo: algoritmi, in questo caso a bordo dell'automobile, che in autonomia comprendono che c'è una spesa da pagare (la sosta) e, magari dopo aver chiesto conferma all'utente, provvedono a effettuare il pagamento. La conferma dell'utente aumenta certamente la

---

[91] https://www.gartner.com/en/articles/machine-customers-will-decide-who-gets-their-trillion-dollar-business-is-it-you

sicurezza, ma introduce ulteriori passaggi che l'utente finale potrebbe anche non voler svolgere. Il grande vantaggio delle automazioni, infatti, è il risolvere all'utente finale il problema senza che lui neanche se ne accorga.

Cosa ci aspetta in futuro

L'automobile che paga da sola la sosta è un piccolissimo esempio di quello che si potrà fare in futuro, ed è fattibile già oggi con l'utilizzo di poca tecnologia.

Avremo frigoriferi e dispense in grado di rilevare autonomamente le scorte di alcuni prodotti che non vogliamo manchino mai in casa nostra, e, quando le scorte saranno troppo basse, si occuperanno di ordinare e pagare questi prodotti in totale autonomia, con l'obiettivo di non farci mai mancare il latte in frigorifero o i biscotti nella dispensa. Anche la consegna e la sistemazione al loro posto saranno completamente automatizzabili, in modo che l'utente finale, in pratica, non si accorgerà mai di un eventuale calo delle scorte. Nel mio ultimo libro Vite Aumentate[92] si parla in abbondanza di questi e di altri esempi di come l'automazione entrerà nelle nostre vite.

Avremo elettrodomestici in grado di prenotare in autonomia la manutenzione periodica, stampanti che ordineranno in autonomia carta e inchiostro, assistenti vocali capaci di prenotare e pagare servizi di ogni tipo, dagli alberghi, ai ristoranti, ai biglietti delle mete turistiche, il tutto con l'obiettivo di semplificare la vita degli utenti finali, fino ad arrivare agli Assistenti Digitali Universali di cui si è parlato nel capitolo precedente.

Cosa cambierà per le aziende

La prima cosa da considerare è che i "Machine Customers" rappresenteranno presto una nuova tipologia di acquirenti, ma per raggiungerli sarà necessaria una completa integrazione tecnologica. In altre parole: se voglio vendere un prodotto di quelli il cui acquisto è completamente automatizzabile (le pastiglie della lavastoviglie di cui parlavamo in precedenza oppure il latte dal mettere nel frigo) dovrò fare in modo che questi nuovi consumatori possano accedere con semplicità al mio negozio virtuale, entrando quindi all'interno di un ecosistema digitale in cui gli acquirenti automatici e i negozi virtuali riescano a parlarsi senza problemi, garantendo accuratezza del servizio e sicurezza delle transazioni.

Una cosa è certa: le aziende che non forniranno questo servizio perderanno questa fetta di mercato che, in prospettiva, potrebbe diventare anche molto ampia.

---

[92] https://www.amazon.it/Vite-aumentate-Massimo-Canducci/dp/8835118832

Dall'altra parte, al contrario, si arriverà a piattaforme di vendita completamente dedicate agli acquirenti automatici, nuove forme di commercio che cambieranno radicalmente il concetto stesso di e-commerce e che avranno enormi influenze sul mercato pubblicitario. Infatti, ancora non è chiaro se e come sarà possibile produrre una qualche forma di pubblicità che possa avere in qualche modo effetto sulle scelte compiute dagli algoritmi di intelligenza artificiale.

Il fattore umano

Con il tempo ci siamo abituati a lasciare alle macchine sempre più libertà decisionale, non è affatto chiaro se questa leggerezza si potrà ottenere anche su una componente così complessa della nostra vita come le nostre abitudini di acquisto.

È molto probabile che, almeno all'inizio, avremo moltissimi dubbi e vorremo essere a conoscenza di ogni singolo acquisto, confermandolo esplicitamente ed entrando nel merito delle logiche degli algoritmi. Fino ad arrivare a un momento in cui, quando questi meccanismi saranno ben rodati, la nostra fiducia aumenterà e inizieremo a disattivare, una per una, tutte le notifiche e le richieste di conferma.

Nota di ripubblicazione

A distanza di poco più di un mese dalla pubblicazione di questo articolo, sono arrivate notizie di macchine in grado di comprare in totale autonomia: dagli acquisti automatici per la manutenzione alle piattaforme di gestione autonoma dell'energia in grado di scambiarla con altri attori dell'ecosistema quando è più conveniente farlo.

Lo spostamento di questo modello verso acquisti che impattano direttamente il consumatore finale, è solo questione di tempo.

IL NOSTRO CLONE DIGITALE

In origine pubblicato su La Repubblica il 23 novembre 2023[93]

A inizio novembre OpenAI, azienda celebre per aver reso disponibile la piattaforma ChatGPT, ha annunciato la possibilità di realizzare, con enorme facilità e senza la necessità di programmare, delle versioni personalizzate del suo celebre chatbot, modificandone il comportamento standard e ampliando la base di conoscenza da cui andare ad attingere informazioni.

Chiunque può quindi realizzare con pochi click una sua versione personalizzata di ChatGPT e in futuro potrà anche monetizzare l'utilizzo che gli utenti faranno del suo chatbot. Così un cuoco potrà realizzare un sistema in grado di suggerire ricette e preparazioni provenienti dai suoi libri, oppure un illustratore potrà rendere disponibile un generatore di immagini in grado di replicare il suo stile, il tutto in modo gratuito oppure a pagamento.

Grazie a questa possibilità, nei giorni scorsi ho realizzato un mio chatbot personale che, nelle intenzioni, dovrebbe essere in grado di conversare con gli utilizzatori su tematiche come la tecnologia, l'innovazione e il futuro, ma ovviamente portando, per quanto possibile, il mio pensiero e il mio punto di vista. Per ottenere questo risultato ho fornito alla macchina molto materiale prodotto da me negli ultimi due anni, compresi moltissimi articoli e anche un paio di capitoli del mio ultimo libro Vite Aumentate[94].

Chi volesse provare il mio chatbot MaxGPT può trovarlo al link presente nelle note a piè pagina[95].

---

[93] https://www.repubblica.it/tecnologia/blog/futuri-possibili/2023/11/23/news/il_nostro_clone_digitale-421050380/

[94] https://www.amazon.it/Vite-aumentate-Massimo-Canducci/dp/8835118832

[95] https://chat.openai.com/g/g-IqZNaErEZ-maxgpt

Al di là dei tecnicismi è interessante notare come questa iniziativa di OpenAI apra la strada non soltanto alla personalizzazione dei comportamenti, ma anche alla facilità con cui in futuro sarà possibile addestrare questi strumenti con basi di conoscenza di tipo diverso, fino ad arrivare all'addestramento basato su tutto quello che si conosce di una persona, dai contenuti pubblici fino alle interazioni private, in modo da realizzarne un vero e proprio clone digitale.

Proviamo ad immaginare di addestrare uno di questi strumenti con tutto il materiale prodotto da un autore, i suoi libri, i suoi articoli, le interviste, i contenuti audio e video disponibili online. Potremmo essere in grado di ottenere un chatbot in grado di rispondere alle nostre sollecitazioni esattamente come farebbe l'autore originale, con lo stesso stile e con gli stessi contenuti. Chiaramente otterremmo un clone limitato esclusivamente alla sua figura pubblica, perché basato sui contenuti disponibili al pubblico e non quelli relativi alla sfera privata.

Ora immaginiamo di aggiungere alla base di conoscenza del nostro chatbot anche tutto il materiale privato che abbiamo a disposizione: diari, quaderni, lettere, registrazioni audio e video fatte in famiglia, ecc. Il nostro chatbot inizierebbe ad avere, almeno con i familiari, degli atteggiamenti più intimi e delle conversazioni più legate alla sfera personale.

Infine, proviamo a pensare di uscire dal perimetro testuale del semplice chatbot e di dotare questo strumento di una voce e di un volto, magari catturati abilmente dagli stessi algoritmi di intelligenza artificiale che in precedenza hanno analizzato i contenuti audio e video.

Otterremmo una simulazione digitale in video del nostro autore, enormemente somigliante dal punto di vista fisico e in grado di conversare con noi in linguaggio naturale, con la stessa voce dell'autore originale e utilizzando concetti, contenuti, stile di conversazione e tono di voce identici all'originale.

Otterremmo un clone digitale dell'essere umano di partenza, la cui somiglianza nei comportamenti e nei contenuti sarebbe proporzionale esclusivamente alla quantità di materiale che saremmo in grado di recuperare e di riversare all'interno della base di conoscenza della macchina.

Questo significa che più materiale sarà disponibile, più il clone sarà efficiente, fino ad arrivare potenzialmente ad avere un comportamento molto simile a quello dell'essere umano di partenza, e di conseguenza a replicare non soltanto le conversazioni, ma anche le riflessioni e i pensieri più intimi.

Seppure dal punto di vista tecnico questi aspetti possano apparire davvero interessanti, dal punto di vista etico questo apre nuovi scenari che meritano forse più di una riflessione.

Saremo infatti in grado di produrre cloni digitali di persone scomparse e di conseguenza potremo conversare con loro come se fossero ancora tra noi, e la qualità della "clonazione" dipenderà esclusivamente dalla quantità e qualità dei dati che potremo fornire alla base di conoscenza.

Molti oggi dichiarano di rifiutare categoricamente questa possibilità, ma sappiamo bene che sotto l'effetto del dolore causato dalla perdita di un amico o di un familiare, certe scelte potrebbero cambiare e con tutta probabilità si creerà un nuovo mercato di cloni digitali. Avatar virtuali molto somiglianti alle persone scomparse, con i quali conversare come se queste fossero ancora in vita.

Tutto questo apre nuovi scenari e, come al solito, nuovi interrogativi.

Nota di ripubblicazione

Ripensando a questo articolo mi sono ricordato del personaggio del Professor Senjiro Shiba, padre di Hiroshi, il ragazzo che aveva la capacità di trasformarsi nella testa bionica di Jeeg robot d'acciaio.
Sì, lo so che è un anime da boomer, ma a me negli anni '80 piaceva moltissimo.
Il Professor Shiba aveva una caratteristica: era morto, e tutta la sua conoscenza e coscienza erano state riversate all'interno di un calcolatore.
Però, in un certo senso, era ancora vivo, il suo volto era visibile su uno schermo e le sue parole erano probabilmente le stesse che avrebbe pronunciato lui stesso se fosse stato ancora in vita.
Come scrivevo: tutto questo apre nuovi scenari e, come al solito, nuovi interrogativi.

Pezzi di Futuro

INTELLIGENZA ARTIFICIALE
E FORMAZIONE

Originariamente pubblicato su FOR Rivista per la formazione n.3/2023[96]
Direttrice editoriale: Beatrice Lomaglio
Edizioni FrancoAngeli

L'Intelligenza Artificiale è qui per restare

Viviamo in un'epoca straordinaria, ricca di trasformazioni e di nuove tecnologie che hanno impatti significativi sulle nostre vite, impatti che in futuro sono destinati ad aumentare ancora di più.

Talvolta queste trasformazioni sono lente e graduali e il loro impatto sulle nostre vite avviene in modo progressivo, in altri casi invece sono velocissime e dirompenti, e da un momento all'altro, soprattutto se non si è addetti ai lavori, ci ritroviamo in un mondo nuovo, con un prima e un dopo il momento della trasformazione, con nuove enormi possibilità da sfruttare e con qualche rischio in più da gestire e da mitigare.

Oggi la grande trasformazione dirompente del momento è rappresentata dall'intelligenza artificiale: una materia su cui gli addetti ai lavori operano da decenni, ma che è diventata enormemente popolare nel momento in cui i primi algoritmi generativi sono stati resi disponibili al grande pubblico, svelando al mondo le loro incredibili capacità e le enormi opportunità che sono in grado di abilitare, non senza qualche rischio e qualche criticità da gestire.

La novità davvero rilevante non è l'intelligenza artificiale in sé, quanto la sua disponibilità completa al pubblico sotto forma di strumenti per la

---

[96] https://www.francoangeli.it/riviste/sommario/222/for---rivista-per-la-formazione

generazione di contenuti, un fenomeno che ha permesso anche ai meno esperti di toccare con mano la potenza di molte di queste tecnologie e di comprenderne gli enormi impatti immediati, ma soprattutto di intravedere le potenzialità future che sono davvero straordinarie.

Intelligenza artificiale disponibile per tutti, a costi molto bassi e a volte addirittura gratis, in grado di aiutarci a stilare elenchi, a scrivere testi, a produrre immagini, a generare il codice per le nostre applicazioni. In grado di semplificare il lavoro di molti e di mettere in discussione il lavoro di altri.

Un insieme di strumenti che in brevissimo tempo è diventato croce e delizia di produttori di contenuti, di divulgatori e di programmatori, perché se è vero che in alcuni casi il lavoro di molti di questi professionisti viene semplificato, è anche vero che presto sarà necessario che il loro lavoro sia in grado di distinguersi da quello prodotto con pochi click da una macchina in pochi secondi e a costi vicini allo zero.

Non tutti gli ambiti sono uguali

Se il lavoro del professionista è finalizzato alla produzione di contenuti testuali, immagini e video, la cosa peggiore che può capitare introducendo l'intelligenza artificiale all'interno del processo è che tali contenuti siano scadenti, di bassa qualità o che non rappresentino la vera vena creativa degli autori.

Se, invece, il lavoro del professionista è finalizzato alla formazione scolastica o professionale, è chiaro che il risultato che ci si attende alla fine del processo ha a che fare non soltanto con le competenze che gli studenti nel tempo matureranno, ma anche con una serie di azioni educative collaterali al processo di insegnamento, che contribuiscono alla formazione caratteriale nei ragazzi e allo stringere relazioni inusuali con i colleghi nel caso della formazione professionale.

In questo caso, quindi, è necessario utilizzare questi strumenti al meglio, avendo però la consapevolezza degli impatti che tali strumenti possono avere non soltanto sulla didattica, ma anche sulla componente educativa e di arricchimento personale e professionale.

In sintesi: l'utilizzo dell'intelligenza artificiale all'interno dei percorsi di formazione non si può improvvisare, è un tema che va compreso e valutato con attenzione.

Gli studenti e l'Intelligenza Artificiale

È bene che tutti prendano coscienza di un fenomeno che ormai è consolidato: la maggior parte degli studenti utilizza abitualmente, e a scopo didattico, varie applicazioni di intelligenza artificiale. Esattamente come gli stessi studenti, ma anche adulti e professionisti, utilizzano qualunque strumento o tecnologia sia in grado di aiutarli nel raggiungere i loro obiettivi.

L'altra cosa di cui è necessario prendere coscienza è che questi comportamenti da parte di studenti e professionisti non cambieranno, indipendentemente da quali saranno le direttive di insegnanti o formatori professionali.

È del tutto inutile, quindi, pensare di risolvere il problema vietando l'accesso a tali tecnologie, ed è anche dannoso, perché andando nella direzione dei divieti si perde una straordinaria opportunità, quella di insegnare al meglio l'utilizzo di questi strumenti e di fornire agli studenti spunti e stimoli su quali siano le vere potenzialità, i limiti e i rischi connessi alle tecnologie coinvolte.

Molto meglio avere studenti consapevoli di pregi e difetti di piattaforme e tecnologie, che avere studenti che le usano di nascosto e talvolta in modo maldestro e poco responsabile.

Resta da capire quali sono le applicazioni attuali e future dell'intelligenza artificiale nell'ambito della formazione, in modo da individuare la migliore strategia che insegnanti e formatori potranno attuare da subito per minimizzare i rischi e massimizzare le opportunità.

Come usiamo l'intelligenza artificiale oggi

Chi pensa che l'utilizzo massiccio dell'intelligenza artificiale sia arrivato soltanto dopo la presentazione della prima versione pubblica di ChatGPT, si sbaglia di grosso.

La realtà è che tutti utilizziamo l'intelligenza artificiale ogni giorno, e la maggior parte delle volte la utilizziamo in modo completamente inconsapevole e senza rendercene neanche conto.

Ogni volta che utilizziamo un motore di ricerca, per esempio, stiamo usando algoritmi di intelligenza artificiale, e tali algoritmi sono utilizzati non soltanto per migliorare i risultati della ricerca stessa, ma anche per massimizzare l'utilizzo dei dati che cediamo alle piattaforme e con i quali "paghiamo" il servizio.

La stessa cosa avviene quando una qualche piattaforma ci suggerisce un contenuto che potrebbe piacerci: musica, serie TV o prodotti in linea con le nostre preferenze. Si tratta di motori di "raccomandazione", basati su algoritmi di intelligenza artificiale e alimentati dai nostri dati e da quelli di tutti gli altri utenti delle varie piattaforme.

Anche quando ci affidiamo a motori di traduzione da una lingua a un'altra stiamo utilizzando algoritmi di intelligenza artificiale, così come quando utilizziamo i social network o usiamo una delle tante app che ci fanno da navigatore e ci aiutano a non perderci.

Se in casa abbiamo qualche assistente vocale, di quelli che fanno un po' di fatica a capirci e tendenzialmente svolgono compiti banali anche se a volte abbastanza utili, anche in questo caso stiamo utilizzando algoritmi di intelligenza artificiale, così come quando interagiamo con i chatbot messi a disposizione dalla nostra compagnia telefonica, dal nostro e-commerce preferito, dal sito del fornitore di energia elettrica.

Naturalmente stiamo di fronte ad algoritmi di intelligenza artificiale anche quando utilizziamo piattaforme come ChatGPT o Midjourney per la produzione di contenuti testuali o grafici.

Quest'ultimo esempio però, se ci pensate bene, è molto diverso dagli altri, in quanto ha bisogno di un ingrediente in più: la nostra consapevolezza.

Mentre in tutti gli esempi precedenti gli algoritmi di intelligenza artificiale erano una delle tante componenti tecnologiche del servizio utilizzato, in quest'ultimo caso sono il cuore dell'applicazione e siamo noi stessi a decidere di utilizzare proprio quella tipologia di strumenti, gli algoritmi generativi, per farci produrre del testo o dei contenuti multimediali.

Proprio perché serve la nostra consapevolezza, e proprio perché il rischio di affidarsi ciecamente a queste piattaforme esiste, è il caso che da insegnanti e formatori si trasmetta agli studenti un primo grande insegnamento: è bene non fidarsi mai di quanto viene prodotto dagli algoritmi generativi.

La motivazione è semplice: non si tratta di macchine progettate per rispondere correttamente alle nostre domande, ma di macchine progettate per costruire sequenze di parole su base statistica e adeguate, per quanto possibile, alle nostre richieste. Questo significa che se una di queste macchine non conoscesse la risposta a una nostra domanda, potrebbe tranquillamente inventarsela, producendo un testo molto credibile, ma contenente una risposta totalmente sbagliata. Ecco, quindi, che il ruolo del formatore in questa fase è davvero cruciale: va bene utilizzare questi strumenti per farsi venire in mente le giuste domande, al contrario è quasi sempre sbagliato chiedere a queste macchine di produrre le giuste risposte.

Con il tempo le cose miglioreranno e, ragionevolmente, la nostra fiducia nei confronti di queste macchine aumenterà di pari passo con la loro affidabilità, tuttavia è bene considerare che, se in passato gli insegnanti erano portati a spiegare agli studenti che è bene non fidarsi di quello che trovano in generale sulla rete, oggi è bene che le stesse persone inizino a spiegare a quegli stessi studenti che è davvero pericoloso fidarsi del materiale prodotto dagli algoritmi generativi.

D'altra parte, oggi non esiste una modalità sicura per capire se un certo testo sia stato prodotto attraverso l'utilizzo di algoritmi generativi, questo significa che le persone, e nel caso specifico gli studenti, se decideranno a delegare la produzione di parte dei loro contenuti alle macchine, dovranno impiegare molto del loro tempo alla verifica di quei contenuti.

Come utilizzeremo l'intelligenza artificiale domani

Il campo della formazione è ricchissimo di attività da svolgere con gli studenti e di stimoli alla crescita, in molte di queste attività l'utilizzo di algoritmi di intelligenza artificiale potrà essere un grande aiuto per il formatore nella sua attività didattica.

La prima cosa che viene in mente è la possibilità di generare contenuti didattici sempre nuovi, accattivanti e coinvolgenti, da usare come ausilio alle attività didattiche. Non soltanto testi, ma anche immagini e contenuti multimediali da utilizzare per spiegare quegli argomenti al target atteso di studenti. Allo stesso modo anche i test di valutazione potranno essere generati automaticamente sulla base dei contenuti presenti all'interno del programma che si è effettivamente svolto.

In alcuni casi sarà possibile delegare agli algoritmi parte della didattica, pensiamo per esempio ad avatar in grado di conversare in linguaggio naturale e in una lingua straniera, strumenti che potranno essere utilizzati per insegnare meglio le lingue.

Allo stesso modo saranno disponibili apposite applicazioni in grado di spiegare i concetti adattandosi completamente agli studenti a cui si rivolgeranno, arrivando addirittura a comprendere il loro livello di attenzione e riuscendo di conseguenza ad adattare le modalità didattiche e il livello di approfondimento dell'esposizione, per fare in modo che tutti gli studenti mantengano una adeguata soglia di apprendimento.

Un altro tema molto interessante sarà costituito dalla possibilità di avere applicazioni didattiche completamente immersive, in grado di far vivere agli studenti esperienze molto più coinvolgenti delle lezioni tradizionali.

Molto importante sarà la possibilità di intercettare in anticipo eventuali problemi di salute degli studenti, problemi comportamentali o di apprendimento. In questi casi l'esperienza dell'insegnante e del formatore sono fondamentali, ma gli algoritmi potranno essere d'aiuto segnalando particolari situazioni da tenere sotto controllo.

Con le tecnologie a disposizione nel prossimo futuro gli insegnanti saranno in grado di realizzare dei veri e propri cloni didattici di se stessi, sia sotto forma di chatbot che come veri e propri avatar multimediali, utilizzabili per seguire in modo personalizzato gli studenti, trasmettendo loro non soltanto nozioni e concetti, ma accompagnandoli completamente in un'esperienza didattica personalizzata, mantenendo tuttavia il modo di esprimersi e di comportarsi dell'insegnante o del formatore originale. In questo caso l'obiettivo non è clonare l'insegnante per fare in modo che il clone possa lavorare al suo posto, ma al contrario l'obiettivo è fornire all'insegnante un supporto in grado di aiutarlo in alcune sue attività, per fare in modo che possa concentrarsi sulle cose davvero importanti.

L'utilizzo di queste e altre tecnologie consentirà di avere una didattica scolastica e professionale migliore, e i formatori per primi saranno i protagonisti di questo cambiamento.

Nota di ripubblicazione

Pochi giorni dopo la pubblicazione, è uscito un articolo sulla rivista[97] Forbes, da cui emergono spunti molto interessanti.

Più della metà degli insegnanti ritiene che l'intelligenza artificiale abbia un impatto positivo sul processo di insegnamento e apprendimento.

Il 60% degli educatori utilizza strumenti di intelligenza artificiale nelle classi, con i giovani insegnanti che adottano più frequentemente queste tecnologie.

I giochi educativi potenziati dall'intelligenza artificiale sono gli strumenti più utilizzati, seguiti da piattaforme di apprendimento adattativo e sistemi di valutazione automatica.

Non mancano tuttavia alcuni punti di attenzione, i docenti sono infatti preoccupati per il potenziale che queste tecnologie hanno nel facilitare la frode scolastica o accademica.

Resta, tuttavia, la convinzione che i vantaggi dell'utilizzo di queste tecnologie siano superiori ai rischi e che sia necessaria un'adeguata formazione degli insegnanti per renderli capaci di utilizzarle al meglio.

---

[97] https://www.forbes.com/advisor/education/artificial-intelligence-in-school/

ATTIVARE L'INNOVAZIONE

Originariamente pubblicato su Dirigente d'Azienda[98]
Periodico di Federmanager Torino APDAI
n. 335 ottobre – dicembre 2023

Su una cosa dovremmo essere tutti d'accordo: la capacità di innovare è una caratteristica che nessuna azienda può permettersi di trascurare, indipendentemente dalle sue dimensioni, dal suo modello di business e dal suo mercato di riferimento.

Questo concetto è talmente importante da avere stimolato nel tempo moltissima letteratura sui temi di business, industriali e di gestione delle organizzazioni complesse, e in questo numero sterminato di libri e articoli scritti in decenni di studi e analisi vengono spesso elencati molti esempi di aziende che in passato erano considerate troppo grandi per fallire e che oggi, semplicemente, non esistono più.

Tutti noi conosciamo i nomi di quei brand che non tanto tempo fa avevano quote monopolistiche nei loro mercati, crescevano a ritmi vertiginosi e adesso, dopo essersi scontrati con la dura realtà, sono drammaticamente scomparsi. Il paradosso è che alcune di queste aziende avevano ben chiaro cosa sarebbe potuto accadere da lì a pochi anni, avevano investito milioni di dollari in ricerca e brevettato tantissima tecnologia. Nonostante questo, hanno deciso di rimanere all'interno della loro zona di comfort e di non tentare di evolvere il loro business, con il risultato di essere in breve tempo tagliati fuori da un mercato che pure avevano intuito con anticipo.

Queste cose sono accadute in passato e purtroppo accadono ancora oggi

---

[98] https://torino.federmanager.it/dirigente-dazienda-n-335-ottobre-dicembre-2023/

in molte aziende, e il motivo è che sfortunatamente spesso ci si pone nel modo sbagliato nei confronti dell'innovazione. La si confonde con il più tradizionale business development, la si affida come "secondo lavoro" a ruoli organizzativi che si occupano di tutt'altro oppure la si considera secondaria in termini strategici. Tutto questo è un enorme paradosso, perché nelle aziende i ricavi di oggi si fanno con le attività tradizionali e mainstream, ma i ricavi di domani si faranno solo grazie a prodotti, servizi e modelli di business frutto delle attività di innovazione di cui ci dovremmo occupare oggi, prima che sia troppo tardi. Il solo considerare concetti come "abbiamo sempre fatto così" o "siamo troppo occupati per innovare" è l'anticamera del margine negativo.

Esiste una ricetta magica per rendere le aziende innovative? Purtroppo, no. Esistono però alcune buone pratiche che possono essere utilizzate e che nella maggior parte dei casi hanno effetti estremamente positivi.

Il costo dell'innovazione

Quando sento parlare in modo critico dei costi dell'innovazione, che ovviamente esistono, mi viene sempre in mente il parallelo con i costi della formazione. È più rilevante per il conto economico il costo di un corso di formazione per un collaboratore oppure l'efficienza e l'aumento di produttività che si produrranno nel tempo proprio grazie all'impatto di quella formazione? Se come orizzonte si ha la prossima trimestrale, è chiaro che il costo avrà un'incidenza maggiore. Però è sufficiente spostare lo sguardo al prossimo triennio e immediatamente la prospettiva cambia. Questo è esattamente quello che accade con le iniziative di innovazione: il costo di oggi viene ripagato nel medio periodo, perché avremo nuovi prodotti, servizi o modelli di business con cui affrontare il mercato, possibilmente meglio di come lo farà la concorrenza.

Certo le iniziative di innovazione devono essere di qualità, ben strutturate e valutate nel tempo, esattamente come la formazione, in caso contrario il costo rimarrà, ma gli effetti positivi probabilmente non arriveranno mai.

Chi innova

Forse qualcuno di voi ha visto il film "Gli Incredibili" (Pixar Animation Studios / Walt Disney Pictures - 2004). In quel film c'è un ragazzino di nome Flash Parr che, preso dallo sconforto per una discussione con sua madre che gli aveva detto che "Tutti sono speciali", risponde con una frase straordinaria: "Tutti sono speciali, che sarebbe come dire che non lo è nessuno".

Questo è quello che accade anche nel dominio dell'innovazione: le aziende che sono convinte di avere una innovazione diffusa e che tutti in qualche modo contribuiscano alle iniziative di innovazione, in realtà stanno semplicemente dicendo che è un processo che non governano oppure, nel migliore dei casi, lo governano in modo destrutturato e non se ne rendono conto.

La gestione dei processi di innovazione è una competenza specialistica, come la gestione finanziaria o quella del personale. Dubito che qualcuno pensi che sia possibile avere una gestione finanziare diffusa o che l'HR possa essere gestito in modo completamente destrutturato.

Ecco, quindi, che la gestione dei processi di innovazione deve essere affidata a qualcuno che lo faccia di mestiere, che abbia le competenze adeguate e che non lo faccia come "secondo lavoro".

In alcuni casi si affida l'innovazione al responsabile IT. È un errore che proviene dal pensare che l'innovazione sia una questione tecnologica. Quando questa strategia funziona è perché il direttore IT è il supereroe di cui parlavamo prima e riesce a fare bene entrambe le cose oppure, più probabilmente, delega la funzione a chi ne ha davvero le competenze.

Innovazione e tecnologia

Sfatiamo subito l'equivoco secondo il quale l'innovazione sarebbe una questione squisitamente tecnologica. Non lo è.

Innovazione è un concetto di business ed è legato alla strategia. Si tratta di generare del valore nel medio periodo per l'organizzazione partendo da idee che vengono individuate attraverso specifiche attività e grazie al coinvolgimento, se servono, anche di partner esterni. L'obiettivo complessivo è migliorare nel tempo il proprio posizionamento sul mercato e, con una visione un po' più ampia, migliorare anche il mondo che ci circonda.

È chiaro che la tecnologia in tutto questo ha, e avrà sempre più in futuro, un ruolo fondamentale, comportandosi come un vero e proprio abilitatore di innovazione. Questo dipende dal fatto che oggi quasi tutte le trasformazioni di prodotti, servizi e modelli di business sono guidate dal digitale e dai dati, per questo si parla di digital transformation. Tuttavia, il concetto di innovazione è qualcosa di più alto e, se mi consentite, di più nobile. Il fine è il miglioramento, mentre la tecnologia è uno degli abilitatori principali.

Governare la tecnologia

Essendo un abilitatore fondamentale, è chiaro che la tecnologia va governata al meglio delle nostre possibilità. Però l'innovazione, come abbiamo detto in precedenza, non va confusa con il processo di business development. Mentre quest'ultimo deve utilizzare le tecnologie oggi esistenti per portare nuove soluzioni sul mercato, i processi di innovazione devono immaginare come sarà il futuro, sia dal punto di vista del mercato che da quello tecnologico, e provare a costruire nuove soluzioni prototipali da rendere disponibili tra tre anni, non oggi.

È comprensibile quindi quanto sia importante governare gli aspetti tecnologici attraverso un osservatorio specialistico. Questo significa dotarsi di una funzione dedicata allo scouting tecnologico con capacità di visione e di immaginare come in futuro le tecnologie emergenti potranno avere un impatto sui processi di produzione oppure nel modo con cui i clienti utilizzeranno i prodotti i servizi che l'organizzazione venderà loro.

Là fuori è pieno di tecnologie esponenziali con diversi gradi di maturità e pronte, o quasi, per essere impiegate nella realizzazione di POC o prototipi, sta a noi andare a cercarle e utilizzarle al meglio per il nostro business di domani.

Insieme si innova meglio

È sbagliato pensare che l'approccio alla tecnologia e ai nuovi modelli di business debba essere realizzato esclusivamente grazie alle forze provenienti dall'interno dell'organizzazione. Una delle caratteristiche dei processi di innovazione è la possibilità di includere nello schema anche partner esterni in grado di dare un contributo tecnico, metodologico o consulenziale. Ecco, quindi, la necessità di dotarsi di un buon portfolio di possibili contributori dei nostri processi: dalle startup che aumentino il perimetro tecnologico, ai centri di ricerca o università che ci aiutino nello sviluppare nuovi modelli di business, fino ad arrivare ai system integrator in grado di aiutarci a costruire soluzioni complete di trasformazione digitale.

Tuttavia, l'attore principale che dovremmo coinvolgere all'interno dei nostri processi di innovazione è il nostro cliente, l'utilizzatore primario dei prodotti che in futuro metteremo sul mercato, colui che pagherà per i nostri servizi e lo farà grazie ai nuovi modelli di business che avremo concepito.

Il network

Se nei processi di innovazione è fondamentale il network di potenziali partner esterni, allo stesso modo è importante che tutti, all'interno della nostra organizzazione, abbiano la possibilità di contribuire alle iniziative di innovazione, sia dal punto di vista tecnico che da quello del business.

La messa a disposizione di strumenti che consentano di raccogliere idee e di contribuire alla loro realizzazione è una caratteristica fondamentale delle organizzazioni con un buon approccio all'innovazione.

Potreste scoprire di avere, tra le vostre persone, qualcuno innamorato del futuro e in grado di dare un contributo fondamentale della trasformazione del vostro business.

Il percorso di trasformazione che le imprese devono intraprendere è prevalentemente di natura culturale: occorre abbandonare l'idea che l'innovazione possa essere perseguita marginalmente, in modo destrutturato o come attività secondaria. Al contrario, deve essere elevata a priorità strategica, riconoscendole il ruolo fondamentale che merita.

Questo è l'approccio adottato dalle aziende in crescita e che possiedono una visione solida e lungimirante.

Nota di ripubblicazione

Nel 1974, durante una delle tante prove in studio, dalla chitarra di David Gilmour uscirono, quasi per caso, quattro note in sequenza: Bb – F – G – E. Questa sequenza armonica colpì anche gli altri componenti dei Pink Floyd e sembrò immediatamente avere del potenziale, infatti prima lo stesso Gilmour e poi tutto il resto della band, iniziarono a lavorarci per fare in modo che quell'incredibile potenziale venisse davvero espresso.
Dopo mesi di lavoro venne alla luce Shine On You Crazy Diamond, un brano suddiviso in nove movimenti e dalla durata complessiva di ventisei minuti.
Il brano venne poi pubblicato all'interno dell'album Wish You Were Here che vendette più di venti milioni di dischi.

L'innovazione è il processo che, da quattro note prodotte in modo casuale e che sembra abbiano del potenziale, porta alla realizzazione di un brano che vende più di venti milioni di dischi.

RINGRAZIAMENTI

Grazie agli editori che scelgono di darmi spazio sulle loro testate e pubblicazioni, e che poi acconsentono, nessuno escluso, a cedere gratuitamente i diritti per la ripubblicazione in una raccolta.

Grazie quindi, in ordine alfabetico, a:

Associazione Italiana Formatori
Digital 360
Digital Transformation Institute
Federmanager
Fondazione per la Sostenibilità Digitale
FrancoAngeli
GEDI Gruppo Editoriale
Giappichelli Editore
Il Secolo XIX
Il Sole 24 Ore
Italian Tech
La Repubblica
La Stampa
Stratego Edizioni

INFORMAZIONI SULL'AUTORE

Massimo Canducci si occupa di innovazione, tecnologia e sostenibilità dagli anni '90 e lavora come Chief Innovation Officer nel Gruppo Engineering, una delle più grandi e importanti aziende italiane di trasformazione digitale.
Fa parte della Faculty Global di Singularity University ed è un membro ufficiale del Forbes Technology Council.
Fa anche parte dell'Advisory Group "Standardization for Emerging Technologies and Innovations" che guida le linee strategiche di ISO a livello mondiale sulle tecnologie emergenti e l'innovazione.
Massimo è keynote speaker in conferenze internazionali su tematiche come l'innovazione, la trasformazione digitale, la sostenibilità, le tecnologie emergenti e i grandi trend del futuro.
È professore all'Executive MBA Ticinensis, insegna Innovation Management all'Università di Torino e Consultancy and Soft Skills al MIBE (Master in International Business & Entrepreneurship) dell'Università di Pavia.

Nella vita personale Massimo ama passare del tempo con la sua famiglia, correre, suonare la chitarra elettrica e costruire nuove chitarre.
C'è sempre spazio per una nuova chitarra!

CONTATTI E LINK UTILI

Se vuoi contattarmi puoi farlo via email: **max@pezzidifuturo.com**

Il sito dedicato a questo libro

pezzidifuturo.com

Il mio sito web

massimocanducci.eu

Il mio profilo Linkedin

linkedin.com/in/canducci

Il mio account Instagram

instagram.com/massimocanducci

Il mio account Facebook

www.facebook.com/massimo.canducci/

Il mio canale Telegram

Futuri Possibili

Il mio canale WhatsApp

Futuri Possibili

UNA RICHIESTA PER TE!

Carissima lettrice, carissimo lettore,

una recensione positiva può aiutarmi moltissimo e incoraggiarmi nel continuare a fare divulgazione sulle tematiche delle tecnologie, dell'innovazione e del futuro.

Ti sarei molto grato se potessi usare qualche minuto del tuo tempo per scansire questo Qr-Code e lasciare la tua valutazione o la tua recensione direttamente sul sito di Amazon.

Se invece vuoi chiedermi qualcosa sul contenuto del libro, farmi notare qualche imprecisione o, in generale, metterti in contatto con me, puoi scrivermi qua: max@pezzidifuturo.com

Grazie!

Massimo Canducci